K. F. von Justin

Geschichte des durch die französische Revolution zwischen dem größten Teil der Europäischen Mächte und der Französischen Nation veranlassten Krieges

K. F. von Justin

Geschichte des durch die französische Revolution zwischen dem größten Teil der Europäischen Mächte und der Französischen Nation veranlassten Krieges

ISBN/EAN: 9783743602830

Hergestellt in Europa, USA, Kanada, Australien, Japan

Cover: Foto ©ninafisch / pixelio.de

Weitere Bücher finden Sie auf **www.hansebooks.com**

Geschichte
des,
durch die
Französische Revolution,
zwischen dem größten Theile der Europäischen
Mächte und der Französischen Nation
veranlaßten Krieges.

Vierter Feldzug,
sowohl die 1795sten Kriegsbegebenheiten der Armeen und Flotten der in der großen Coalition verbliebenen alliirten Mächte, als auch die mit Frankreich eingegangenen Friedensschlüße einiger von dem großen Bunde abgegangenen Staaten enthaltend.

Von

K. F. von Justin,
der Kayserlichen Franzisziischen Reichsakademie Rath und Ehrenmitglied.

Mit allergnädigstem Kais. Druckprivilegio.

Regensburg, 1796.

So wie überhaupt die Geschichte des französischen Revolutionskrieges für den Beobachter mit jedem Jahre an Intereße und Reichhaltigkeit gewinnt, so ist insonderheit auch das 1795 Jahr, der vierte Feldzug, in jedem Betrachte an großen Ereignißen und Thaten reich, — Anfangs blutig und unglücklich für die alliirten Mächte, — in der Mitte durch die Friedensschlüße einiger alliirten Staaten etwas ruhig, — am Ende aber thatenreich und ruhmvoll für die in der Coalition verbliebenen Fürsten.

Das ganze Augenmerk des Französischen Nationalkonvents, des französischen Generals en Chef der Nordarmee Pichegru, und der übrigen Generalität war, so wie zu Ende des vorigen Jahrs, also hauptsächlich auch zu Anfang des 1795sten auf die Eroberung Hollands gerichtet. Kein Mittel wurde unversucht gelassen, zu diesem Zwecke zu gelangen, und kein Menschenverlust in dem äußerst strengen Winter gescheuet,

mit Hülfe der zugefrornen Seen und
nd durch Uibermacht an Mannschaft dies
)men auszuführen.

zweiten Jenner schon eröfneten sich
Scenen. Die Franzosen griffen mit
cht die Holländischen Vorposten in der
von Woudrichem (Workum) an, und
gten sich der Batterien bei der dortigen
)le; das gut unterhaltene Feuer aus dem
wenstein und der Stadt Woudrichem
jedoch den Feind mit einem Verlust von
nn wieder, und man besetzte die Battes
 zuvor. Am 4ten Jenner setzten die
it einer Macht von etlich 40000 Mann
eren Kolonnen an verschiedenen Orten
zugefrorne Waal, vorzüglich in der Ges
 sie am 31. Dez. v. J. zurückgetrieben
waren, und bemächtigten sich durch
ße Zahl der Orte Thuyl, Thiel und des
Thieler Waarts, worauf der größte
r Englisch-Hannövrisch-Heßischen Ars
:er den tapfern Generals Aberkombrie
:af Wallmoden über den Leck gegen
)oven zurückzuziehen genöthigt wurde.
her Zeit drang eine andere Collonne in
and weiter bis Werkendam vor. Die
genden Tage verhielt sich der Feind zwar
ruhig, verließ auch einige seiner einges
en Stellungen, welche die Alliirten
)esetzten, ja die Engländer drangen selbst
den Leck mit Besetzung des Meerdamm
vor,

vor, allein desto blutiger waren die darauf kommenden Tage, und desto größer die Fortschritte der Franzosen durch Forcirung der Linien von Berg-op-Zoom, Steenswyck, Heusden, Steembergen, Theelen ꝛc. Am 9ten Jenner machten die Franzosen bei Wageningen in 3 Kolonnen einen allgemeinen Angriff, welchem das dasige englische Corps weichen mußte. Eine andere Collonne drang bei Buurem wieder vor, und nöthigte die Engländer sich über Kullenburg zurück zu ziehen, welche hierauf bis Utrecht retirirten. Noch ein anderes feindliches Corps griff mehrere Tage hintereinander die Kayserlichen Truppen bei Pandern, in der Sternschanze, und den dortigen an der Waal gelegenen Schanzen an. Graf Clairfait, welcher den F. Z. M. Alvinzy und General Werneck mit Verstärkung unterstützt hatte, schlug alle Angriffe glücklich zurück, auch noch am 11ten Jenner, wo der Feind Bauern vor sich her trieb, welche zur sichern Paßage über die gefrorne Waal das Eys mit Stroh bedecken mußten. Tausende der Angreifenden wurden durchs fürchterlichste Kartätschen-Feuer niedergestreckt; endlich aber da verschiedene Nebenposten verlohren giengen, der Feind immer mit frischen Truppen auf allen Seiten attaquirte, und die Kayserlichen durch 5 tägige Strapatzen entkräftet waren, verließ man in der Nacht die Position und die Schanzen, und zog sich über den Rhein zurück. Arnheim blieb von den Kayserlichen besetzt, und verwehrte den Feinden das weitere Vorbringen auf dieser Seite. Die Hauptabsicht der Franzosen gieng aber auch nicht dahin; sie zogen ihre größte Macht auf der Seite von Thiel zusammen, giengen am 11ten Jan. über die Linge, und nöthigten dadurch die Engländer sich zurück zu ziehen, und die Position von Utrecht bis Amersfort zu nehmen. Da bei dem großen anhaltenden Froste der Leck allenthalben selbst mit der schweren Artillerie paßirt werden konnte, so war Utrecht und Holland offen: Die Staaten von Utrecht schickten Deputirte an die Franzosen und ergaben sich ohne Kapitulation, welchem Beispiele die Provinz Holland bald folgte. Man hatte immer umsonst Nachrichten von den nach Paris gesandten Commißairs in Betreff eines Waffenstillstandes oder Friedens erwartet. Die englische combinirte Armee verließ in der Nacht vom 14. Jenner Utrecht und gieng über Ammersfort nach Zütphen, wo sie sich an der Ißel postirte, nachdem aber in den vereinigten Provinzen eine förmliche Revolution durch den Einmarsch der Franzosen fast in allen Städten ausgebrochen war, (die Provinzen Friesland und Seeland blieben am längsten) gieng sowohl das Englisch-Hannövrisch-Heßisch- als auch Kayserliche Corps d'Armée weiter nach Deutschland ins Ostfriesländische, Bentheimische, Osnabrückische, Münsterische ꝛc. — Die Franzosen rückten schnell vor. Am 17ten Jan. zogen sie unter den holländischen Patrioten Generals Daen-

Daendels und Vandamme in Utrecht, am 18ten in Ammersfort, am 19ten schon in **Amsterdam**, am 20ten in Harlem, am 22ten in Rotterdam, und am 25. Jenner im **Haag**, unter lautem Jubel des Pöbels, ein. Sie hatten sich den Rücken frei gemacht, da am 28sten Dezember v. J. (siehe 1794 Feldzugs-Geschichte) die Vestung Grave und am 14. Jenner 1795 auch Heusden unter den Generals Kretschmar und Horn zu kapituliren genöthigt gewesen war. Das Holländische Truppen Corps hatte bei den bedenklichen Umständen die Position bei Gorcum schon vorher verlassen müßen, und marschirte theils nach Woerden, theils nach Schoonhoven. Der letzte Versuch des Grafen von Bentink van Rhoon *) im Haag, zur Bewafnung des Volks lief auch fruchtlos ab, und da sich vollends die Kayserlichen und Englischen Truppen entfernt hatten, waren die eignen Vertheidigungsmittel Hollands, bei der Stimmung der Gemüther zumal, nicht mehr hinreichend. — Der feindliche General hatte nach der Einnahme von Nymwegen sich mit der Hauptmacht gegen Utrecht gewendet, weil er voraussah, daß ihm das Vordringen auf dieser Seite leichter werden würde, als auf jener von Südholland gegen Willemstadt und Rotterdam. Hätte er hier angegrif-

---

*) Nach erfolgter Revolution wurde dieser, sammt dem Raths-Pensionaire van de Spiegel ins Gefängniß gesetzt.

egriffen, so würden sich die Alliirten mehr onzentrirt, und unendlich viel Schwierigkeiten ntgegen gesetzt haben, — aber auf der andern Seite konnte er gewiß seyn, daß nach Uiberwältigung der Linien der Grepp sich die Alliirten nach Deutschland zurückziehen würden, um nicht er Gefahr ausgesetzt zu seyn, abgeschnitten zu verden.

Die sogenannten Patrioten, und Freunde des ranzösischen Systems, (worunter der schon erstorbene **Paulus** die Hauptrolle spielte,) bewirkten in den Städten Hollands eine eben so gewaltsame als schnelle Revolution. Unter diesen Umständen schickten die Staaten von Holland der Armee, und den noch übrigen Festungen den Befehl zu, sich den Franzosen nicht mehr zu widersetzen; worauf denn alle Festungen, Artillerie Vorrath, und Reichthümer in französische Hände fielen, und die Städte mit Soldaten belegt wurden *). Vom 18ten Jenner 1795 an, ward Holland ganz französisirt, aller Greuel und Uibel der französischen Revolution, ihrer Freiheit, Gleichheit und Brüderschaft theilhaftig

---

*) Das Betragen des fürstl. Löwensteinischen in Holländischen Sold gegebenen Truppenkorps ist merkwürdig. Dieses konnte den Gedanken nicht ertragen, sich den Franzosen ergeben zu müssen, und schlug sich mitten durch die Feinde, unter 1000 Gefahren, übers Eys der Seen, sammt seinem tapfern Anführer dem Obrist Lieut. Baron Schlam=

tig. Man setzte die alten Magistrats Personen ab, erschuf Munizipalitäten, errichtete Nationalgarden, entließ das alte Militair, verfolgte alles, was Oranisch heißt, erwählte statt der bisherigen Staaten, Volksrepräsentanten, machte Regierungsausschüße nach dem Muster der Pariser: kurz man richtete durch den Einfluß der französischen Convents-Deputirten, des in der Folge zum Generalißimus der Nordarmee und in Holland ernannten General Moreau, und unter dem Schutze des zum Theil in Holländischen Sold genommenen französischen Militairs alles ganz nach dem Muster von Frankreich ein. Die Utrechter Union, durch welche die vereinigten Niederlande zu der heutigen Größe emporgestiegen, und welche mehr als 200 Jahre ihr Glück ausgemacht hatte, ward aufgehoben, und die ganze alte Verfassung umgestürzt, die Würden eines Erbstatthalters, General Kapitains und Generaladmirals abgeschaft, — und in der Folge sogar ein *Batavischer Nationalkonvent*, obwohl unter vielen Stürmen, für den Anfang des 1796sten Jahres angeordnet, um den, Inhalts des mit Frankreich geschlossenen

Freund-

Schlammersdorf bis zur Englischen Armee durch, trat auch hierauf in Großbritanischen Sold. Hingegen fielen im Texel die Prinzen von Hohenlohe, und Salm Salm in französische Gefangenschaft. Das Hohenlohische in Holländischem Sold gestandene Corps trat in der Folge in jenen des fränkischen Kreises.

Freundschafts-, Friedens und Allianzbündnisses (wovon weiter unten) übrig gebliebenen Ländern der vereinigten Provinzen, eine neue Regierungsart nach französischem Muster zu erschaffen. Alle die Französischen Glückseligkeiten kamen jedoch den guten Holländern theuer zu stehen. Die Forderungen der neuen Brüder waren unerschwinglich, die Auflagen aller Art zu Gunsten der Franzosen kaum aufzubringen. Die Verproviantirung der französischen Armee, die täglichen Lieferungen, Requisitionen, Eröffnung von Anlehen, Befehle zu Ablieferung sowohl des gemünzten als ungemünzten Golds und Silbers, verbunden mit dem gänzlichen Verfall der Handlung, ließen den vernünftigen Holländer leicht begreifen, daß die vereinigten Provinzen zu Grunde gerichtet werden würden. Zu diesem kam noch, daß in der Folge ein Corps Franzosen unter dem obenerwähnten General Moreau in Holländischen Sold genommen, und am 16ten May, rat. 2ten Jun., ein Allianztraktat zwischen Frankreich und der batavischen Nation, (wie die Note * enthält) geschloßen wurde, worauf England nicht nur ein Embargo auf alle in eng-

---

*) Friedens- und Allianz-Traktat zwischen Frankreich und Holland. Art. I. Die Französische Republik erkennt die Republik der vereinigten Provinzen für eine freie und unabhängige Macht, garantirt derselben ihre Freiheit und Unabhängigkeit so wie die Abschaffung der Statthalterschaft, welche von den Generalstaaten und

englischen Häfen gelegene Holländische Schiffe legte, sondern auch den vereinigten Provinzen den

und von jeder Provinz insbesondere beschlossen worden. II. Zwischen beyden Republiken soll auf immer Friede, Freundschaft und gutes Einverständniß herrschen. III. Es soll zwischen den beiden Republiken bis zu Ende des Kriegs eine Of= und Defensiv-Allianz gegen alle Feinde derselben ohne Ausnahme statt haben. IV. Diese Of= und Defensiv-Allianz soll zu jeder Zeit gegen **England** in allen Fällen statt haben, wenn eine der beiden Republiken mit gedachter Macht in Krieg begriffen seyn wird. V. Keine der beiden Republiken soll mit England weder Friede machen, noch mit selbigem unterhandeln können, ohne Mitwürkung und Genehmigung der andern. VI. Die Französische Republik soll mit keiner andern der coalisirten Mächte Friede machen können, ohne in selbigen die Republik der vereinigten Provinzen mit einzuschließen. VII. Die Republik der vereinigten Provinzen soll während dieses Krieges als Contingent für den diesjährigen Feldzug **zwölf Linienschiffe** und **achtzehn Fregatten** liefern, welche besonders in der Nord= und Ostsee gebraucht werden sollen. Diese Macht soll für den folgenden Feldzug, wenn selbiger statt hat, vermehrt werden. VIII. Ueberdem soll die Republik der vereinigten Provinzen, wenn selbige darum requirirt wird, wenigstens die **Hälfte ihrer Landtruppen**, die sie auf den Beinen hat, stellen. IX. Die combinirten Armeen oder Flotten sollen von einem **Französischen** Befehlshaber commandirt werden. X. Um die Operationen desto besser

Krieg erklärte, hierauf dem Holländischen
ubel in Gemeinschaft einer Rußischen Eskadre

---

besser zu verabreden, soll ein Mitglied Ihrer
Hochmögenden Sitz und deliberirende Stimme
in dem Marine-Ausschuß zu Paris haben.
XI. Die Republik der vereinigten Provinzen tritt
von diesem Augenblick an, in den Besitz ihrer
Marine, ihrer Magazine, sowohl von der Land-
als Seemacht, und in den Besitz desjenigen Theils
ihrer Artillerie zurück, worüber die Französische
Republik noch nicht disponirt hat. XII. Eben
so giebt die Französische Republik von diesem
Augenblicke an, der Republik der vereinigten
Provinzen alles dasjenige Gebiet, Lande und
Städte zurück, die zu den vereinigten Provinzen
gehören, oder von denselben abhängen, doch
mit Vorbehalt der in folgenden Artikeln enthal-
tenen Ausnahme. XIII. Die Französische Republik behält von allen den Ländern, die sie nach
dem vorhergehenden Artikel zurückgiebt, die folgenden als eine billige Entschädigung für die eroberten. a) Das Holländische Flandern,
nebst allem am linken Ufer des Hond,
oder der Wester-Schelde gelegenen
Gebiet. b) Die Städte Mastricht,
Venloo und was zu selbigen gehört,
wie auch alle übrigen Länder und
Besitzungen der vereinigten Provinzen, welche im Süden von Venlo
längs den beiden Ufern der Maas
liegen. XIV. In der Stadt und dem Haven von Vließingen bleibt ausschließender
Weise, sowohl zu Friedens als Kriegszeiten eine
Französische Garnison liegen, bis zwischen
bey-

kabre (Ihro Rußisch Kais. Maj. hatten, sich nemlich in einer mit Großbritannien geschlossenen

beiden Nationen auf eine andere Art Uebereinkunft deßhalb getroffen wird. XV. Der Haven von Vließingen soll beiden Nationen, mit völliger Freiheit, gemeinschaftlich zugehören. Der gegenseitige Gebrauch soll einem Reglement unterworfen seyn, welches beide contrahirende Theile machen werden, und welches dem gegenwärtigen Tractat als eine Beilage zugefügt werden soll. XVI. Im Fall einer Feindseligkeit von Seiten irgend einer Macht, welche entweder die Republik der vereinigten Provinzen, oder die Französische Republik von der Seite des Rheins oder Seelands angreifen sollte, soll es dem Französischen Gouvernement erlaubt seyn, Besatzung in die Städte Herzogenbusch, Grave und Bergen-op-Zoom zu legen. XVII. Bei dem allgemeinen Frieden soll die Französische Republik der Republik der vereinigten Provinzen von den eroberten und an Frankreich abgetretenen Ländern solche Gebiete wieder zurückgeben, die demjenigen, von welchem in dem 12ten Artikel ein Vorbehalt gemacht worden, in der Oberfläche gleich sind; welche Stücke von Gebiet in der Lage, die für die beste Demarkation der beiderseitigen Gränzen die bequemste ist, ausgewählt werden sollen. XVIII. Die Französische Republik soll fortfahren, auf eine militärische Weise mit einer von beiden Nationen festgesetzten Anzahl Truppen, bloß während des itzigen Krieges, die Festungen und übrigen Posten zu besetzen, deren Besetzung zur Vertheidigung und Bewahrung des Landes nützlich seyn wird. XIX. Die Schiffahrt auf dem

Convention verbindlich gemacht, soviel
ffe, als Holland stellen würde, von Ihrer
Seite

dem Rhein, der Maas, der Schelde, dem Hont und auf allen Armen dieser Flüsse bis an die See, soll für beide Nationen, die Französische und Batavische, frei seyn. Die Französischen Schiffe und die Schiffe der vereinigten Provinzen sollen daselbst ohne allen Unterschied und unter denselben Bedingungen aufgenommen werden. XX. Die Französische Republik überläßt der Republik der vereinigten Provinzen alle liegenden Gründe, die dem Oranischen Hause gehören, so wie auch alle solche bewegliche Güter und Meublen, worüber die Französische Republik zu disponiren nicht für gut finden wird. XXI. Die Republik der vereinigten Provinzen soll der Französischen Republik für die Entschädigung der Kriegskosten hundert Millionen Gulden Holländisches Courantgeld, entweder in klingenden Specien oder in guten Wechselbriefen auf die Art bezahlen, wie es zwischen beiden Republicken bestimmt werden wird. XXII. Die Französische Republik soll bei den Mächten, mit welchen sie tractiren kann, ihre guten Dienste anwenden, um den Einwohnern der vereinigten Provinzen die Summen bezahlen zu lassen, welche sie ihnen kraft directer Negociationen, die vor dem gegenwärtigen Kriege mit ihrer Regierung gemacht worden, schuldig sind. XXIII. Die Republik der vereinigten Provinzen macht sich verbindlich, keinem Französischen Emigranten einen häuslichen Aufenthalt zu bewilligen; — eben so soll die Französische Republik keinem Emigranten von der Oranischen Parthey einen Zufluchtsort bewilligen.

Seite entgegen zu stellen,) die größten Hindernisse in den Weg legte, und endlich den empfindlichsten Stoß durch Eroberung der ostindischen Besitzungen versetzte; wie weiter unten folgen wird.

Des Erbstatthalters Hoheit, seine beiden Prinzen, (welche bei den bedenklichen Umständen am 17. Jenner ihre Chargen niedergelegt hatten) und die ganze Statthalterische Familie, hätte sich nach Schevelingen begeben, von wo aus sie nach England segelte. So mußte das Haus Oranien, dessen Vorfahren Gut und Blut für die Holländer gewagt, und einen so wesentlichen Theil zu ihrer Befreiung beigetragen hatten, selbst dieses undankbare Land fliehen.

Die Eroberung Hollands ist allerdings eine äußerst merkwürdige Ereigniß unsers Zeitalters. Was mehreren Königen Frankreichs durch viele Aufopferungen unmöglich gewesen war, vollführte Pichegru; dessen Namen dadurch dauernd wird. Nie würde jedoch die Französische Armee zu ihrem Zwecke gelangt seyn, wäre sie nicht durch die Elemente, durch den äußerst

harten

gen. XXIV. Der gegenwärtige Tractat soll erst alsdann Kraft und Würkung haben, wenn er von den contrahirenden Theilen ratificirt seyn wird, und gedachte Ratificationen sollen in Zeit von zwei Dekaden, (20 Tagen) von dem heutigen Dato an zu rechnen, oder, wo möglich, noch früher in Paris ausgewechselt werden.

harten Winter, welcher die Ueberschwemmungen hinderte, und durch die eigene unfriedne Patrioten Partei der Provinzen selbst unterstützt worden. Es kostete diese Eroberung dem Feinde auch wenigstens 50000 Mann, welches leicht zu berechnen ist, wenn man die von Paris selbst angegebene Zahl der in Holland eingerückten Truppen mit jener Zahl vergleicht, die 4 Monate hernach als Rest angegeben wurde. Auch die Alliirten litten in dieser Winter Campagne einen nicht unbeträchtlichen Verlust; wie denn unter andern der Abgang bei der englischen Armee bei der nachmaligen Einschiffung (siehe unten) zu Bremerlehe sichtbar war.

Es war aller Anschein vorhanden, daß ein großer Theil der Französischen Armee, nach vollbrachter Besetzung der Provinzen Oberyßel, Ostfriesland, Gröningen und Zütphen der alliirten Armee nach Deutschland folgen würde, wie denn auch wirklich Truppen an die Ißel vorrückten und die Kaiserlichen und Engländer bis an die Ems verdrängten, bei welcher Gelegenheit noch verschiedene Affairen vorfielen, die jedoch von keiner Bedeutung waren. Man fürchtete für das Churfürstenthum Hannover, worauf man von Französischer Seite die Absicht gerichtet zu haben schien, daher unter Commando des Herzogs Ernst von Meklenburg-Streliß Durchlaucht ein neues Truppen-Corps von 10000 Hannoveranern zusammen gezogen ward, welches gegen das Oldenburgische, Bre-

Bremen ꝛc. vorrückte, auch die Landmiliz an die Grenzen des Landes zu ziehen beordert wurde. Die Alliirten suchten sich, nachdem ihnen die Franzosen aus Holland gefolgt waren, und die näher dorthin gelegenen Striche besetzt hatten, an der Ems, im Münsterischen, Oldenburgischen, Osnabrückischen, Bentheimischen ꝛc. zu halten. Bei dieser Gelegenheit erlitten die Franzosen bei Ahausen am 4 Merz eine Schlappe, welche ihnen etliche hundert Mann kostete. Der Feind, welcher schon bis Bentheim vorgedrungen war, wurde durch die Tapferkeit des Heßischen Generals Dalwig und Braunschweigischen Generals Baron von Riedesel auch hier mit Verlust repousirt. Seine Angriffe auf Bentheim wurden indessen am 12ten Merz viel lebhafter wiederhohlt, auch diesmal aber mit vielem Menschenverlust und Erbeutung von 11. Kanonen zurückgeschlagen. Dessen ohnerachtet erneuerte er am 13ten die Attaque mit doppelter Stärke und es gelang ihm die Alliirten bis Rheine zurückzudrängen, worauf mit beiderseitigen beträchtlichen Verlust die Gefechte am 13. Merz fortdauerten, Bentheim verlassen, und das dasige Schloß nach tapferer Vertheidigung des Kommandanten mittelst Capitulation und freien Abzug der Besatzung an die Franzosen übergeben wurde. Dieses war die letzte wichtige Kriegsbegebenheit in Norddeutschland. Es hatten nemlich des Königs von Preussen Majestät, nachdem des Großherzogs von

ana K. H. das erste Beispiel der Aussöh-
mit Frankreich gegeben hatten *), zu Ba-
:iedensunterhandlungen durch Ihren Gesand-
rafen von Golz eröffnen lassen, welche nach
Tode durch den würdigen geheimen Mini-
Baron von Hardenberg fortgesetzt und endlich
glücklich beendigt wurden **). Kraft der be-
son-

---

riedens und Freundschaft Traktat zwischen Frankreich und Toskana, geschlossen
zu Paris den 10 Febr. 1795. 1) Der Groß-
herzog von Toskana widerruft feierlich seinen
Beitritt zur bewaffneten Coalition gegen die
Französische Republik 2) Dem zufolge wird
hinfüro Friede, gute Freundschaft und gutes Vernehmen zwischen den beiden Nationen herrschen.
3) Die Neutralität wird auf den Fuß, wie sie
vor dem 10 October 1793 war, wieder hergestellt. 4) Der gegenwärtige Traktat wird nach
erlangter Ratification des Convents, und nicht
eher Kraft haben.

Friedensschluß zwischen Preussen und
Frankreich, geschlossen zu Basel 5 April, und
ratifizirt am 14 April zu Paris und zu Berlin
den 15ten April 1795. 1) Friede, Freundschaft,
und gutes Einverständniß soll zwischen Sr. Majestät dem Könige von Preussen, sowohl als
König betrachtet, als auch in seiner Eigenschaft,
als Kurfürst von Brandenburg, und Mitstand
des Teutschen Reiches, und zwischen der Republik von Frankreich herrschen. 2) Diesem zufolge sollen von dem Augenblicke, an welchem dieser

sonders am 17 May mit Frankreich, wie in der Note zu ersehen ***), abgeschlossenen Convention, such-

ser gegenwärtige Traktat ratifizirt werden wird, alle Feindseligkeiten zwischen beiden Mächten aufhören: und von dem nemlichen Augenblicke an soll keine von beiden zum Nachtheil der andern, in welcher Eigenschaft, und unter welchem Vorwand es auch sey, weder Hülfe noch Contingent, weder an Menschen noch Pferden, Lebensmitteln, Geld, Munition ꝛc. hergeben. 3) Keiner der beiden Theile darf dem Feinde des andern den Durchmarsch durch sein Land erlauben. 4) Die Französischen Truppen sollen in den ersten 14 Tagen nach der Ratification die Preußischen Staaten am rechten Ufer des Rheins räumen; alle Contributionen, Lieferungen, überhaupt alle Kriegssteuern 14 Tage nach der Unterzeichnung dieses Traktats aufhören; alle Rückstände, Handschriften, und diesfalsige Versprechungen als nicht geschehen anzusehen seyn; und was nach diesem Zeitraum entweder genommen, und sonst auf eine Art empfangen worden ist, soll sogleich freiwillig wieder zurückgegeben, oder in baarem Gelde ersetzt werden. 6) Es sollen einstweilen zwischen den Preussischen und Französischen Staaten alle Handlungsverhältnisse und Communikation auf den nämlichen Fuß, wie sie vor dem Kriege gewesen sind, wieder hergestellt werden, bis zwischen den beiden Mächten ein förmlicher Handlungs-Tractat geschlossen werden könne. 7) Da aber der Inhalt des 6ten Artikel nicht seine volle Wirkung haben kann, wenn nicht die ungestörte Freiheit der Handlung für das ganze nördliche Teutschland wie-

e man das Kriegstheater von Norddeutsch-
zu entfernen. Bereits in den Monaten Februar

wieder hergestellt wird, so wollen beide Mächte
dahin bedacht seyn, den Kriegsschauplaz aus jenen Gegenden wegzuziehen. 8) Es soll den
respective Individuen der beiden Nationen der
freie Gebrauch und Wiederbenutzung ihres Ver-
mögens, ihrer Einkünfte, und Güter gestattet
seyn, die wegen und während des zeitherigen
Krieges entweder eingehalten, genommen oder
confiscirt worden sind. Eben so soll ihnen in
Betreff ihrer gegenseitig ausstehenden Schulden
schnelle Gerechtigkeit geleistet werden. 9) Alle
beiderseitige Kriegsgefangene, die seit dem Anfange dieses Krieges von beiden Theilen gemacht
worden sind, unter denen auch die Preussischen
Seesoldaten und Matrosen, die sowohl auf den
Preussischen Schiffen, als auf jenen anderer
Nationen weggenommen worden sind, mitbe-
griffen seyn sollen: so wie überhaupt alle und jede
die des Krieges wegen in beiden Staaten festge-
halten wurden, sollen ohne Rücksicht auf Grad
und Zahl, spätestens in 2 Monathen nach der
Auswechslung der Ratification des gegenwärtigen
Tractats ohne alle weitere Nachfoderung freige-
lassen werden. Jedoch müssen ihre besondere
Schulden bezahlt werden, die jeder für sich während seiner Gefangenschaft gemacht hat. Alles
dieses soll auch für die Kranken und Verwundeten gelten, so bald sie wieder hergestellt sind.
Es sollen unverzüglich von beiden Seiten Commissarien ernannt werden, um den Inhalt dieses Artikels in Ausübung zu bringen. 10) Die
gefangenen Sachsen, Mainzer, Pfälzer und
Hessen

bruar und Merz war der F. M. von Möllendorf aus der Gegend von Frankfurt und Mayns mit

Hessen, sowohl von Hessenkassel als Hessendarmstadt, die mit der Preussischen Armee gedient haben, sollen ebenfalls in der vorstehenden Auswechslung begriffen seyn. 11) Die Französische Republik will die Verwendungen des Königs von Preussen zu Gunsten derjenigen Fürsten und Ständen des Reichs gerne annehmen, die für sich insbesondere mit ihr in Unterhandlung treten wollen, und die zu diesem Endzwecke den König entweder schon ersucht haben, oder noch ersuchen werden. Um nun Sr. Majestät dem König den ersten Beweis zu geben, wie sehr die Französische Republik etwas dazu beizutragen wünsche, die alten Freundschaftsbande, die ehemals zwischen den beiden Nationen bestanden haben, wieder zu erneuern, so will sie während 3 Monaten nach der Ratification dieses Traktats jene Staaten des deutschen Reichs, die auf dem rechten Ufer des Rheins liegen, und zu Gunsten deren der König sich verwenden wird, nicht feindlich behandlen. 12) Der gegenwärtige Traktat soll nicht eher seine Wirkung haben, als bis er von beiden Theilen gutgeheißen und ratificirt ist: und diese Ratificationen sollen hier in der Stadt Basel in Zeit von einem Monat, oder noch eher, wenn es möglich ist, von dem Tag der heutigen Unterzeichnung an gerechnet, ausgewechselt werden. Zu mehrerer Bekräftigung des Vorstehenden haben wir unterfertigte bevollmächtigte Minister des Königs von Preussen und der Französischen Republik in Kraft unserer Vollmachten, den gegenwär-

der Preußischen Armee nach Westphalen
brochen, und hatte verschiedene bisher von
den

wärtigen Friedens und Freundschaftstractat unterzeichnet, und unsere beiderseitigen Siegel bei-
setzen lassen. Basel den 5 April 1795. Karl
August Freiherr von Hardenberg. Franz Barthelemy.

Additional Artikel zu dem am 5 April zu
Basel abgeschloßenen Frieden, die Demarkations-
oder Neutralitätslinie betreffend: 1) Um den
Kriegsschauplatz von den Staaten Sr. Majestät
des Königs von Preussen zu entfernen, im Nor-
den von Teutschland die Ruhe zu erhalten, und
völlige Handelsfreiheit zwischen diesem Theile des
Reichs und Frankreich wie vor dem Kriege her-
herzustellen, verspricht die Französische Republik
die Kriegsoperationen nicht über folgende Gränz-
linie hinaus zu poussiren, noch ihre Truppen in
die jenseits derselben gelegenen Staaten weder
zu Wasser noch zu Lande einrücken zu lassen.
Diese Linie begreift Ostfriesland, und geht längst
der Aa oder Alpha bis Münster, von da auf
Coesfeld, Borken, Bockhult bis an die Gränze
des Herzogthums Cleve bei Jsselburg, sodann
an dieser Gränze fort bis Magenporst an der
neuen Yssel, und den Rhein hinauf bis Duisburg, von da an der Gränze der Grafschaft
Mark nach Werden, Gemarke, und längst der
Wipper nach Homburg, Altenkirchen, Limburg an
der Lahn, längst diesem Flusse und dem, der
von Jdstein kömmt, nach dieser Stadt, Epstein
und Höchst am Main, von da nach Rauenheim
längst

den alliirten Truppen am Niederrhein besetzte Posten abgelößt, worauf zu Ende Merz schon die

längst dem Landgraben, nach Dornheim, dann an dem Bach, der durch diesen Ort geht, bis an die Gränze der Pfalz, von da an der Gränze von Darmstadt und des Fränkischen Kreises, den die Linie ganz einschließt, nach Ebersbach am Neckar, an diesem Flusse fort bis zur Reichsstadt Wimpfen, und von da nach Löwenstein, Murhard, Hohenstadt, Reichsstadt Nördlingen und Holzkirch an der Wernitz, mit Einschluß der Grafschaft Pappenheim und des ganzen Fränkischen und Obersächsischen Kreises, entlängst von Baiern, von der Oberpfalz und Böhmen, bis an die Gränzen von Schlesien. Die Französische Republik wird alle hinter dieser Linie liegende Länder und Staaten als neutral betrachten, unter der Bedingung, daß sie ihrer Seits eine stricte Neutralität beobachten, hauptsächlich dadurch, daß sie ihre Contingente zurückrufen, und keine neue Verbindlichkeit eingehen, wodurch sie autorisirt würden, denen gegen Frankreich kriegführenden Mächten Truppen zu liefern. Die so diese Bedingung, wozu sie der König zu bewegen suchen wird, nicht erfüllen, sollen von der Wohlthat der Neutralität ausgeschlossen seyn. Se. Majestät der König von Preussen übernimmt die Garantie, daß, sofern die gedachte Demarcationslinie am rechten Ufer des Mains fortläuft, keine gegen Frankreich feindlichen Truppen dieselbe passiren, oder aus den innerhalb derselben gelegenen Ländern gegen die Französischen Armeen vorrücken sollen; und zu diesem Zweck werden beide contrahirende Theile, nach

geschehe-

eindseeligkeiten zwischen den Franzosen und
ssen gänzlich aufhörten. Die Franzosen ver-
die auf der Seite nach Holland zu inne
ten Lande, und zogen sich in die vereinig-
Provinzen zurück. Die Englische Armee
t den Emigranten-Corps marschirte ins
dvrische und hernach nach Bremerlehe, und
e nach England eingeschift, die Hannövri-
Armee aber gieng ganz ins Churfürstenthum
re alten Standquartiere. Die Preußische
tarmee unterm F. M. v. Möllendorf, ver-
theil

geschehener Verabredung, an den wesentlichen
Punkten hinreichende Observationscorps aufstel-
len, um der Neutralität Respekt zu verschaffen.
Jedoch wird sowohl für die Französischen als
für die Reichs- und Oestreichischen Truppen, die
Passage auf den Strassen an dem rechten Main-
ufer durch Frankfurt auf Königstein und Limburg nach Cöln frei bleiben, ferner über Fried-
berg, Wetzlar und Siegen nach Cöln; über Ha-
derstein, Wisbaden und Nassau nach Coblenz;
endlich über Haberstein nach Mainz und umge-
kehrt; desgleichen auch in allen am linken Main-
ufer gelegenen Ländern und im ganzen Fränkischen Kreise, ohne jedoch die Neutralität aller
durch die Demarcationslinie eingeschlossenen Staaten und Länder im mindesten zu verletzen.
2) Da die Grafschaft Sain-Altenkirchen am
Westerwald, nebst dem kleinen District von Ben-
dorf unterhalb Coblenz im Besitz Sr. Majestät
des Königs von Preussen ist, so wird selbige
ben die Sicherheit und Vortheile geniessen, wie
Dero Staaten am rechten Rheinufer.

theilte sich in die königlichen Lande, wie vor dem Kriege. Es blieb nichts, als ein Corps unter dem Gen. Lieut. Fürsten von Hohenlohe Ingelfingen Durchlaucht beisammen, welches von Frankfurt aus bis an die Ems einen Cordon zu Deckung der Demarkations-Linie zog *). In Westphalen fielen nun keine Feindseligkeiten mehr vor, zumal, da die Chur-Hannövrische Regierung alle Emigranten-Corps entfernte, und der König als Churfürst von Hannover in einer Verordnung erklären ließ: daß man beschlossen habe, bei dem am 5 April zu Basel zwischen Preussen und Frankreich geschlossenen Friedens-Traktat und insonderheit dessen Additional-Convention zu acquiesziren: daß man fest entschlossen sey, die Neutralität zu beobachten, und die an den Grenzen der Churfürstl. Lande stehen gebliebene Armee blos zur Deckung, nicht aber zu Feindseligkeiten bestimmt sey.

Der Preußische Friedensschluß hatte die angenehme Hoffnung in Deutschland erweckt, daß

---

*) Die durch den Basler-Friedensschluß nach Frankreich zurückgekehrten Französischen Kriegsgefangenen betrugen mehr als 10000 Mann. Nach einem öffentlichen Blatte hat Preussen in dem Französischen Kriege 7 Millionen Thaler aufgenommen, welche nebst 3 Millionen von dem neuen Antheil Pohlens, der würdige Minister Struensee in 7 Jahren zu tilgen verspricht.

'urzem das gesammte Reich ebenfalls wieder Ruhe gelangen würde.' Auf dem Reichs: wurde zu einem so wichtigen Werke alles bereitet, und wirklich machten auch Kayſ. jestät, mittelst des Dänischen Hofes, zu is Anwürfe; da aber die Antwort erfolgte: e Republik könne nicht in den vorgelagenen Waffenstillstand willigen, — die Regierung werde keine Vorrungen wegen eines Congresses treffen, außer zu der Zeit, wenn das Friedenswerk schon vollbracht, und weiter hts mehr zu thun sey, als alle die rtheile der Mächte zu bestimmen, lche Theil an dem Kriege genommen tten, — so wurde das Friedensgeschäft gängig. Hingegen kam am 28 August (ratit am 4 September zu Paris) zu Basel zwin Hessen-Cassel und Frankreich ein partikuFriede *) wirklich zu Stande, welchemnach die
tapfe-

Friedens und Freundschafts-Traktat zwiſchen Frankreich und Heßen-Kassel: Art. 1) Es soll Friede, Freundschaft und gutes Einverständniß zwischen der Französischen Republik und dem Landgrafen von Heßen-Kassel herrschen. 2) Dem zu Folge sollen alle Feindseligkeiten zwischen den beiden den Vertrag schließenden Partheien von dem Tage an aufhören, da die Auswechslung der Bestättigung dieſes Vertrags erfolgt seyn wird. Keine der beiden Partieien kann von eben gedachten Zeitpunkt an,
gegen

tapferen Hessen-Cassler, die in diesem Kriege soviel gewirkt hatten, ebenfalls vom Schauplatze abtraten.

Durch

gegen die andere, unter welchem Namen oder Vorwand es immer seyn möge, weder einige Hülfe, noch Contingent, an Mannschaft, Pferden, Lebensmitteln, Geld, Kriegsbedürfnissen und andern Dingen geben. 3) Der Landgraf von Hessen-Cassel kann, so lange der jetzige Krieg zwischen Frankreich und England dauert, die beiden Subsidienverträge, welche zwischen ihm und England bestehen, weder verlängern noch erneuern. Diese Verfügung gilt von dem Tage an, da dieser Vertrag unterzeichnet worden. 4) Der Landgraf wird, in Ansehung des Durchzugs jeder Art von Truppen durch seine Staaten, sich aufs genaueste nach den Anordnungen richten, welche in der am 28ten Blüthemonath (den 17 May 1795) zwischen der Republik Frankreich und dem Könige von Preusen geschlossenen Uibereinkunft festgesetzt worden. 5) Die Französische Republik soll noch ferner die Festung Rheinfels, die Stadt St. Goar und den Theil der Grafschaft Catzenellenbogen, welcher am linken Rheinufer liegt, wie bisher besetzt halten. Jeder endliche Abschluß, wodurch das Schicksal dieser Landesbezirke entschieden werden soll, ist bis zum Frieden der Republik Frankreich und denjenigen Theilen Deutschlands, mit welchen Frankreich noch im Krieg begriffen ist, zu verschieben. 6) Alle gegenseitigen Verbindungen im Handel und Wandel sollen zwischen Frankreich und Hessen-Kassel auf den Fuß hergestellt werden, wie sie vor dem jetzigen Kriege

Durch die bisher angeführte Veränderung ?age der Dinge, wurde auch eine Veränderung

waren. 7) Für die Regierungen und einzelne Personen beider Nationen soll gegenseitig alle Confiskation oder Beschlag der Güter, Einkünfte ꝛc. von jeder Art aufhören; wenn die Wegnahme oder Inbehaltung der Güter aus Kriegsursachen geschehen ist. Auch soll gegen alle Glaubiger, die irgend Jemand in diesem oder jenem der beiden Lande hat, wechselseitige Gerechtigkeit verwaltet werden. 8) Alle seit dem Anfange des Kriegs gemachte Gefangenen werden, ohne Rücksicht auf die Verschiedenheit der Zahl und der Stufen, innerhalb zweier Monate aufs späteste nach geschehener Auswechslung der Bestättigungen dieses Vertrags, ohne einige Rückforderung zurückgegeben. Nur soll jeder Einzelne die Schulden, die er für sich gemacht hat, bezahlen. Eben dieß ist auch gegen die Kranken und Verwundeten sogleich nach ihrer Herstellung zu beobachten. Ohne Verzug sollen von beiden Seiten Commissarien ernannt werden, um zur Vollziehung des gegenwärtigen Artikels zu schreiten, dessen Anordnungen aber nicht auf die Hessischen Truppen anzuwenden sind, welche in Englischen Sold stehend zu Kriegsgefangenen gemacht worden. 9) Dieser Vertrag soll erst seine Gültigkeit haben, wenn er von den beiden, den Vertrag schliessenden Partheien bestätiget worden ist. Und die Bestättigungen sollen in dieser Stadt Basel innerhalb eines Monats, oder wo möglich noch bälder, ausgewechselt werden. Zu dessen Urkund haben wir bevollmächtigte Minister der Republik Frankreich und Seiner Hochfürstlichen Durchlaucht

derung in der Stellung der Kaiserl. Königl. und Reichs-Armee veranlasset. Das in Westphalen bei der kombinirten Armee gestandene Kayserliche Truppen-Korps zog sich gegen den Oberrhein. Die Reichsarmee und die zu solcher gehörigen Kayserl. Völker nahmen ihre Stellung vom Mayn bis an die Sieg und Wipper, die K: K. Armee hingegen vom Mayn bis Basel. Ihro K. H. der Herzog Albert von S. Teschen giengen vom General-Commando ab, und der zum K. K. Feldmarschall ernannte Graf von Clairfait übernahm solches einstweilen über alle Truppen. Des Herzogs Ferdinand von Würtenberg Durchl. und Graf von Erbach blieben mit einem Corps in der Gegend von Mühlheim.

Von der Kaiserlichen und Reichs Armee war nach dem Uibergange über den Rhein und während der bisher angeführten Vorfälle in Holland nichts von Wichtigkeit unternommen worden, und die Franzosen von ihrer Seite waren auch zu ohnvermögend, und durch Mangel und Desertion geschwächt, um was wichtiges unternehmen zu können. Beiderseitige Armeen suchten sich zu verstärken und zu erhohlen. Zu

Ende

---

laucht des Landgrafen von Hessen-Kaffel, kraft unserer Vollmachten, den gegenwärtigen Friedensvertrag unterzeichnet, und unsere Siegel beigedruckt. Basel, den 28ten August 1795. Franz Barthelemy. Baron von Waitz von Eschen.

Ende April bestand die K. K. und Reichsarmee aus 137 1/2 Bataillons, 119 Kompagnien und 251 Eskadrons. Das Hauptquartier des F. M. Grafen Clairfait kam nach Großgerau. Unter ihm kommandirte der berühmte Beaulieu das Zentrum, Graf Wartensleben den rechten, und Graf Alvinzi den linken Flügel, welcher sich bis nach Basel ausdehnte. Bei Maynz hatten sich die Franzosen lange aller Feindseeligkeiten selbst bei Anlegung einiger neuen Schanzen enthalten; als aber am 3ten April die Kayserlichen neben dem Hauptstein nahe am Hartenberge eine solche anlegten, unternahm der Feind einen Angrif darauf, welcher jedoch zum Vortheil der Deutschen ausfiel, welche die Franzosen mit Verlust einiger 100 Todten, Gefangenen und Verwundeten, schlugen. Diesseits hatte man 75 Todte und Verwundete. — Blutiger noch war die Aktion vom 30ten April. Die Franzosen hatten den Hartenberg stark verschanzt und besetzt, von wo aus Maynz sehr beunruhigt werden konnte. Gegen diesen unternahm F. Z. M. Graf Wartensleben einen Angrif. Die ganze Affaire dauerte von 4 Uhr Morgens bis 7 Uhr Abends; der Feind wehrte sich in den Verschanzungen verzweifelt, wurde aber dennoch daraus vertrieben, und ob er gleich sehr kühne Angriffe wagte, um wieder zum Besitze zu gelangen, so mislang ihm solches doch dermaßen, daß 3 Bataillions fast gänzlich zu Grunde gerichtet wurden. Ueberhaupt rechnet man den

Fran-

Französischen Verlust auf 2000 Mann, (worunter die verwundeten Generale Arco und Chales) gefangen wurden 9 Offiziers, 191 Gemeine. Die Kaiserlichen hatten 5 Offiziers, 62 Gemeine tod, 22 Offiziers 474 Mann verwundet. Von den Reichstruppen, von denen sich die Maynzer, Cöllner und Bamberger besonders auszeichneten, blieben 12 Mann, 5 Offiziers, 62 Gemeine wurden verwundet. Nachdem die Deutschen durch diesen Sieg in den Besitz des Hartenbergs gekommen waren, (wodurch Maynz auf der linken Seite des Rheins eine wichtige Sicherheit erlangte) legte man zu dessen Behauptung neue feste Verschanzungen an, wobei der Feind ruhig blieb. Hingegen verstärkte sich die Französische Rheinarmee unter dem zum General en Chef hieher ernannten General Pichegru durch Corps von der Maas und Sambre Armee und noch kam ein anderer Heerhaufen unter dem General Marceau bei Rübenach zu stehen. Diese Vorkehrungen des Feindes mochten wohl die Bewegungen der Deutschen veranlaßet haben, welche sich anzuschicken schienen, die schon über 8 Monate hart belagerte wichtige Festung Luxemburg zu entsetzen. Allein ehe dieses ins Werk gerichtet werden konnte, ergab sich dieselbe am 5 Juny an den Franz. General Hattry mittelst Capitulation. Luxenburg, eine der ersten Vestungen Europens (das indeßen doch auch schon 1684 und 1701 von den Franzosen eingenommen worden) war nach dem Rückzuge der

Alliir=

Alliirten aus den Niederlanden schon vom 14 September 1794 an, von der Trierer und Coblenzer Seite eingeschloßen, jedoch in einer solchen Entfernung, daß 7 Bataillons und etwas Kavallerie bis zum 16 November immer noch um die Festung im Lager stehen konnten, ohne daß der Feind durch seine wiederhohlten Angriffe etwas wider diese Truppen auszurichten vermochte. Die treuen Bewohner des Herzogthums Lurenburg bewafneten sich freiwillig und verrichteten den Vorpostendienst, und das freiwillige Bürgerkorps unter Commando des Bar. Boiland that dem Feinde manchen Abbruch. Der treue tapfere Gouverneur F. M. Baron Bender ließ im Angesichte des Feindes (vor gänzlicher Berennung der Stadt) die Landesfürstlichen Abgaben durch seine Garnison erheben, demnächst aber um den Burgern und Soldaten die Beschwerniß zu erleichtern, vom 16 Nov. an, die Truppen in die der Festung nächstgelegenen Ortschaften verlegen, so daß eine Abtheilung der andern zu Hülfe eilen und alle sich vereinigen konnten. Dieß ereignete sich schon am 21. November, wo der Feind, in der Hoffnung die Garnison von der Festung abzuschneiden und sich der unbesetzt geglaubten Werke zu bemächtigen, mit großer Macht von allen Seiten auf die Cantonirungsquartiere losstürmte, — alleine allenthalben geschlagen und zurück getrieben wurde. — Gegen Abend zogen indessen die Deutschen doch in die Festung, und dem Feinde wurde

dadurch

dadurch Platz gemacht, sich mehr zu nähern.
Man glaubte nun, er würde sich gleich verschanzen und die Veste durch ein Bombardement zur schnellen Uibergabe zu zwingen suchen, — alleine man irrte sich, er blieb außer der Kanonen-Schußweite, ließ Erdhütten für die Mannschaft errichten, und hielt die Stadt blos blokirt. —
So blieb es bis im Merz ruhig. Man machte die treflichsten Vorkehrungen in der Festung, und ohne den gänzlichen Mangel an Lebensmitteln, und die ausgebliebene Entsetzung würde dieser wichtige Platz nie in Französische Hände gekommen seyn. Nachdem aber der Feind in günstigerer Jahrszeit die zu gänzlicher Berennung des Platzes erforderlichen Werke aufgeführt hatte, der Vestung nahe kam, auch bereits 12 Bomben und über 1500 kleinere Kugeln in die Stadt gefallen waren, und die Lebensmittel gänzlich fehlten, so entschloß sich der F. M. Bender zu Erhaltung der Garnison und der braven Einwohner die Festung mittelst Kapitulation zu übergeben. Nach dieser am 5 Juni zu Stande gekommenen Kapitulation zog die Garnison (noch 10960 Mann stark, worunter 2 Bataillons Würzburger, unter Anführung der K. K. Generals Bar. Schröder, Sebottendorf und Moitelle) mit allen Kriegsehren, Waffen, Bagage, Pferden, klingenden Spiel ꝛc. mit Feldstücken ꝛc. aus, gab auf dem Glacis Waffen, Fahnen, Artillerie, Kassen, Pferde ꝛc. ab, und schwur bis zu ihrer Auswechslung nicht wider

C Franz-

Frankreich zu dienen. Die Offiziere behielten ihre Pferde und Equipage, und der Garnison ward alles Erforderliche zur Fortbringung der Bagage bis nach dem zum Uibergang über den Rhein bestimmten Ort, nemlich nach Koblenz, ferner Brod und Lebensmittel ꝛc. verschaft. Die Emigrirten mußten ausgeliefert werden. Keine bedeckten Wagen wurden nicht zugestanden. In Absicht der Einwohner der Provinz Luxemburg wurde bedungen, daß keiner seiner Denkungsart oder Handlungen wegen verantwortlich seyn, die Provinz selbst aber den andern durch Frankreich eroberten Länder gleich regiert werden solle. Die freie Ausübung des Gottesdienstes, den Französischen Gesetzen jedoch gemäß, stand man den Einwohnern zu. Die Jäger und Freiwilligen hatten das nemliche Schicksal, wie die Garnison, ausgenommen die Bürger und Bewohner des Lands, welche die Waffen niederlegen, und nach Hauße gehen konnten. Wer sich mit dem Seinigen wegbegeben wollte, erhielt die Erlaubniß dazu.

In der günstigsten Jahrszeit hatten die beiderseitigen Armeen am Rheine einander ruhig gegenüber gestanden, und blos durch allerhand Demonstrationen und Märsche die gegenseitige Aufmerksamkeit zu täuschen gesucht, wobei die Absicht der Franzosen hauptsächlich war, bis zur Uebergabe von Luxemburg die Deutschen von einem Uibergang über den Rhein abzuhalten. Dies gelang ihnen und sie wurden nun um die

ganze

ganze Belagerungs-Armee stärker, welche sich gegen Coblenz und den Rhein herauf zog. Bei dieser Gelegenheit wurde eine ihrer Kolonnen an der Spitze des Oberwerths am 21ten Juni von den Kaiserl. Batterien heftig beschossen, etliche 60 Mann getödtet und der Feind genöthigt umzukehren, auch künftig einen andern Weg zu nehmen. Die Kayserliche Armee unter dem F. M. Clairfait zog sich in der Gegend von Schwetzingen zusammen, wohin auch der größte Theil der zwischen dem Mayn und Rhein gestandenen Truppen bis auf ein Corps von 15 — 20000 Mann unter dem verdienstvollen Gen. Werneck aufbrach. Hingegen marschirte ein großer Theil dieser Truppen wieder weiter ins Breisgau nach Freyburg hinauf, wo sich unter Commando des F. M. Grafen Wurmser eine Armee von 60000, zum Theil frischer aus den K. K. Erblanden angekommener Mannschaft sammelte, welche in Gemeinschaft des bis auf 20000 Mann durch Englische Subsidien vermehrt werden sollenden Korps des Prinzen Conde, am Oberrhein durch einen Uibergang über den Rhein, ins Elsaß einbrechen sollte. Alleine die Franzosen kamen den Kaiserlichen am Niederrhein zuvor. Seit vielen Wochen hatten die auf beiden Ufern des Rheins gelagerten Kayserlichen und Französischen Truppen sich durch starke Batterien und Verschanzungen in Vertheidigungsstand zu setzen gesucht, und die Deutschen glaubten auf ihrer Seite hinlänglich gesichert zu seyn. —

Bei **Neuwied** hatten die Oestreicher viele Werke angelegt, welche die Franzosen zu zerstöhren suchten. Dieses gab zu häufigen und heftigen Kanonaden Veranlassung, wodurch die Stadt und Einwohner in eine schreckliche Lage versetzt wurden. Am 30. August suchten sich die Franzosen auf der kleinen Rheininsel, Neuwied gegen über, festzusetzen, auf welcher sie Verschanzungen aufwarfen. Um den Feind von da zu delogiren, wurde am 1ten September Nachts aus allen Oesterreichischen Batterien bei Neuwied ein fürchterliches Feuer auf die Insel gemacht und der Endzweck auch wirklich erreicht, weil die Franzosen sich dessen nicht versehen hatten. Sie kamen aber bald wieder. Der Feind hatte durch alles dieses blos die Aufmerksamkeit der Deutschen von ihrem wahren Vorhaben abziehen wollen. Nachdem der Convents-Deputirte **Merlin** von Thionville den Befehl zum Uibergang über den Rhein aus Paris dem General **Jourdan** überbracht hatte, kauften die Franzosen eine Menge Holländische Kähne, und 30 Stück große Ruhr-Kähne, (wovon einer 250 Infanteristen und 60 Kavalleristen faßte) bei Duisburg zusammen. Statt, daß man sonst unter dem Schutze des Artillerie-Feuers eine Schiffbrücke zu schlagen pflegte, und auf derselben die Truppen übersetzen ließ, machte es General Jourdan auf eine ganz neue Art. Um Mitternacht vom 5—6 September setzte er in den erwehnten 30 Ruhrkähnen auf einmal 8000 Mann

Mann beim Eichelkamp ans rechte Rheinufer über. Das Signal gaben 6 aufsteigende Raketen, worauf alle französische Batterien auf einmal zu spielen anfiengen. Unter deren Schutze giengen die Kähne ab, und sobald das auf diese Ort in kaum einer 1/2 Stunde übergeschifte Corps von 8000 Mann am rechten Rheinufer ausgestiegen war, und die Deutschen Truppen in den Verschanzungen angrif, wurden die Schifbrücken geschlagen. Bis früh 4 Uhr, waren schon gegen 20000 Mann mit Artillerie unter dem General Lefevre auf den Brücken übergegangen, und drangen nun von allen Seiten auf das zu Huckum hinter der Anger in 3 Abtheilungen stehende Kaiſ. Lager an. Diese von der Zahl des Feindes nicht unterrichtet, in der rechten Flanke und im Rücken durch das oberwehnte französische Corps angegriffen, und in der linken Flanke durch die französischen Haubitzen vom jenseitigen Ufer beschossen, waren um so mehr genöthigt sich zurückzuziehen, als zu gleicher Zeit mehrere französische Truppen auf anderen Punkten und namentlich bei Düßeldorf über den Rhein gesetzt hatten. Das Kayſ. Korps von 10000 Mann bei Kayserswerth unter dem würdigen Grafen Erbach war also zwischen den übergesetzten französischen Colonnen, und zog sich eilfertig, zusammt dem Corps des Prinzen von Würtemberg Durchlaucht durchs Bergische über Medemann, Elberfeld, Schwelme ꝛc. zurück. Düßeldorf, wo nur etlich 100 Mann

E 3

Kayſ-

Kayserliche lagen, wurde von diesen geräumt, und von den Pfälzischen Truppen und dem Gouverneur Baron von Hompesch, mittelst ehrenvoller Kapitulation, freien Abzug mit allen militairischen Ehren ꝛc. den Franzosen übergeben. Auch Kayserswerth war schon am 6ten von ihnen besetzt. Eigentlich geschah der Uibergang der Franzosen an 4 verschiedenen Orten, 1. beim Eichelkamp mit 20000 Mann gegen das Kayserliche Lager bei Huckum, 2. bei Uerdingen, dieß war aber mehr eine Blendattaque, 3. ober und 4. unterhalb Düßeldorf, mit etwa 12000 Mann. Man sollte, nach ältern Beispielen zu urtheilen, es fast für unmöglich halten, daß von beiden Seiten der Uibergang über den Rhein kaum 500 Mann gekostet hat.

Man rechnete, daß bis 8. September schon 50000 Franzosen disseits des Rheins waren. Diese folgten den Kayserlichen durchs Herzogthum Berg auf dem Fuße nach, es kam aber blos zu einigen unbedeutenden Scharmützeln. In den engen Päßen mußten 15 Kanonen und einiges Gepäcke zurückgelaßen werden, das dem Feinde in die Hände fiel; der Verlust an Menschen aber war ganz unbedeutend. Ein Theil der Franzosen wandte sich nach der Wipper, forcirte den Fluß, und zog über Urbach am 11ten September in Siegburg ein. Die Kaiserlichen verließen die Sieg und zogen sich gegen die Lahn, in dem Vorsatze bei Limburg an der Lahn eine feste Stellung zu behaupten. Bei diesem Rück-
                                                    zuge

zuge über die Sieg beorderte der Herzog von Würtemberg in der Nacht vom 11 — 12 September die Truppen, welche den Uibergang vertheidigen sollten. Der Rückzug geschah in größter Ordnung, worauf die Deutschen ihre Stellung beim Geißberg hinter dem Dorfe Warth nahmen. Den 12 September gieng der Feind über die Sieg, und als er am 13ten früh rekognoszirte, stieß er auf ein Piket Rohanscher Jäger, und wurde bis Niederpleiß zurückgedrängt. Alleine gegen Mittag bemerkte man, daß er zu einem allgemeinen Angriff Anstalten mache, und es schien, er wolle die Stellung der Kaiserlichen umgehen. Er rückte mit vieler Kavallerie und reitender Artillerie in der Ebne von Niederpleiß vor, und es entstand ein Gefecht mit dem Corps von Rohan, Karneville und den Blankensteinischen Husaren, in welchem diese nach Warth retiriren mußten. Die Rohanschen Jäger hatten sich mittlerweile mit einer überlegenen Zahl Feinde auf einer andern Seite in ein mörderisches Gefecht eingelassen, welches der würdige General Graf Nauendorf bis in die Nacht hinein unterhalten ließ, um seinen Rückzug desto füglicher zu bewerkstelligen, und sich mit dem Corps des Grafen Erbach zu vereinigen. Als mit Anbruch der Nacht die Jäger Befehl erhielten, sich zurückzuziehen, benutzten die Feinde den Augenblick und warfen sich in eine der östreichischen Redouten, welche die Infanterie verlassen hatte, und bemächtigten sich des darinn befindlichen

Geschü-

Geschützes. Die ganze Kayserliche Artillerie war in Gefahr in Feindes Hände zu fallen, wenn nicht Graf Nauendorf augenblicklich eine Eskadron Rohanischer Jäger abgeschickt hätte, seinen Rückzug zu decken. Hierdurch ward der Feind vom weitern Nachsetzen abgehalten, und mußte selbst die eingenommene Redoute wieder verlassen. — Am 16. Sept. traf Prinz Ferdinand von Würtemberg mit 9000 Mann ebenfalls in Limburg ein. — Am 19ten Sept. kamen die französischen Patrouillen bis nach Wetzlar, der General le Febre mit dem linken Flügel der feindlichen Armee, etwa 13000 Mann, lagerte sich auf dem Gebirge gegen das Kloster Altenberg. General Jacobin mit etwas Infanterie, Kavallerie, und einige Kanonen zog durch Wetzlar, und lagerte sich auf den Anhöhen des Galgenbergs. General d'Opoule hatte sein Hauptquartier zu Germes. Die Thore von Wetzlar blieben, vermöge des Demarkations-Vertrags von den Preußen besetzt. Am 21. Nachmittags brachen die Franzosen plötzlich auf, und eine andere Kolonne von 15000 Mann unter General Jenin, über Aßler kommend, zog ebenfalls durch Wetzlar. Da den Franzosen nun fast überall der Rhein offen stand, so rückten sie in verstärkter Menge immer weiter vor, und die Kaiserlichen zogen sich zurück. Der Sammelplatz der verschiedenen Kaiserlichen Corps war Limburg an der Lahn. Außer den schon genannten Truppen, verließ F. Z. M. Graf Wartensleben

am

am 15. Sept. seine Stellung bei Neuwied ebenfalls, und gieng nach Limburg. Das in der Gegend von Schwetzingen gestandene Korps brach desgleichen dahin auf, so wie F. M. Graf Clairfait denn auch selbst dahin abgieng, um das Commando über die ganze Armee zu übernehmen. Das Corps bei Schwetzingen sollte durch Truppen von der Wurmserischen Armee ersetzt werden; denn nachdem F. M. Graf Clairfait den Grafen Wurmser von der Diversion der Franzosen am Niederrhein benachrichtigt hatte, mußte dieser den offensiven Plan aufgeben, und schickte dem General Clairfait beträchtliche Truppenkorps zu Hülfe. Letzterer Feldherr war entschlossen, sich bis zu Einlangung der Verstärkungen von der Oberrheinischen Armee an der Lahn zu halten, hatte jedoch zur Vorsorge das Gepäcke der Armee nach Franken zu abgehen lassen, als auf einmal die Uibergabe von Mannheim an die Franzosen eine gänzliche Veränderung des Plans nothwendig machte. Während nemlich Jourdan vom Niederrhein her gegen die Lahn vorrückte, rückte die Armee des General Pichegru (die hauptsächlich in der Gegend von Basel der Wurmserischen gegen über gestanden hatte) vom Oberrhein, da sie durch die abgesandten Verstärkungen der Kaiserlichen nichts mehr vor Elsaß zu besorgen hatte, am 14. Sept. vor Mannheim. Der französische General ließ Batterien aufwerfen, und forderte die Festung, da nunmehr die wegen Mannheim eingegangene Ver-

bind:

bindlichkeit (siehe die Geschichte des 1794 Feldzugs) aufgehört hatte, zur Uibergabe auf. Man kam überein, einen Kourier von Gouvernements wegen an Sr. Churfl. Durchl. nach München schicken zu dürfen, nach dessen Rückkunft am 20. Sept. die Kapitulation abgeschlossen wurde. Kraft dieser ward die in den damaligen Umständen äußerst wichtige Festung den Franzosen mit Artillerie und allem Kriegsvorrathe, der sich darinn befand, übergeben, jedoch unter der Bedingung, daß der Platz, die Artillerie ꝛc. bei dem allgemeinen Frieden von Frankreich wieder zurück gegeben werden solle. Die Pfälzische Garnison (die wenigen Kayserlichen waren abgezogen) erhielt freien Abzug, und die Pfälzischen Staaten sollten als neutral betrachtet werden. Den Artickel wegen Verschonung mit aller Art von Requisition und Contribution gestanden die französischen Kommissairs nicht zu.

Kurz vor der Uibergabe von Mannheim griff Jourdan die Kayserlichen an der Lahn, bei Diez, an. Die Franzosen wurden in den zwei Attaquen vom 17. und 18. Sept. zurück geschlagen, und sie würden am 19. eben so wenig wider die Deutschen ausgerichtet haben, wäre nicht dem Kayserlichen Feldherrn die Nachricht von der vorseyenden Uibergabe Mannheims zugekommen, wodurch seine Armee an der Lahn in die Gefahr kam, von der des General Wurmser am Oberrhein und den erwarteten Verstärkungen abgeschnitten zu werden. Clairfait beschloß
nun

nun sich näher an den Mayn zu ziehen, und die Kayserlichen leisteten daher beim 3ten feindlichen Angriff bei Diez am 19. Sept. nur so viel Widerstand, als nöthig war, den Rückzug zu sichern. Letzterer wurde am 20. Sept. bewerkstelligt, die Clairfaitische Armee gieng am 22. und 23. Sept. über den Mayn, das Hauptquartier kam nach Arheiligen bei Darmstadt, ein Theil der Armee mit der Reserve-Artillerie marschirte nach Aschaffenburg, und die Depots, das Gepäcke, Kommissariat zog nach Würzburg. Die Franzosen folgten nach, und formirten eine Kette um Maynz bis an den Mayn. Die Uibergabe von Mannheim war äußerst gefährlich für die Kayserlichen und man mußte eine gänzliche Trennung der Clairfaitischen und Wurmserischen Armee befürchten. Auf der Behauptung Heidelbergs beruhte nunmehro alles, und daher war F. M. Graf Clairfait kaum zu Arheiligen angekommen, als er am 24. Sept. aufbrach und mit dem größten Theile seiner Truppen nach Weinheim, Heppenheim marschirte, um den bei Heidelberg kommandierenden braven F. M. L. Quosdanovich zu unterstützen. Glücklicher Weise bedurfte dieser würdige General keiner Hülfe, da er die Feinde bereits geschlagen hatte. Dieser Feldherr hatte sich mit seinem bei Mannheim gelagerten Obsevationskorps, vor der feindlichen Uibermacht bis gegen Heidelberg zurück ziehen müßen, worauf der K. K. General von Zehentner am 22. Sept. den Posten von
Schries-

Schriesheim verließ, und sich ins Weinheimer Thal warf. Kaum hatte er die letzte Stellung genommen, als die Franzosen von jener, die er verlassen hatte, Besitz nahmen, die **Bergstraße** sperrten, und von dieser Seite die Kommunikation der Kayserlichen Armeen abschnitten. Am 24. früh wurde Quosdanovich auf der einen Seite des Neckars bei **Handschuheim**, und auf der andern an der Schwetzinger Chaussé bei Leimen von 8000 Franzosen angegriffen. Es erfolgte ein äußerst hitziges Treffen, in welchem endlich die österreichische Kavallerie durch die Tapferkeit der Generale Bajalich, Fröhlich und Karaiczy, und Obristen Grafen Kleenau und Breschern den Ausschlag gab, indem diese die französische Reuterei angrif, bis Ladenburg zurück drückte, und dadurch die feindliche Infanterie tournirte. Hierdurch war der Sieg entschieden, die feindlichen Truppen kamen ganz in Unordnung, wurden geschlagen, und bis unter die Kanonen von Mannheim verfolgt, 1200 Mann blieben auf dem Platz, 13 Kanonen, 16 Munitionswägen wurden erobert, 400 Gefangene gemacht (unter denen General Dufour) und das Terrain bis Mannheim eingenommen. Tags nach diesem wichtigen Siege griffen die Oesterreicher auch das bei Ladenburg gestandene feindliche Korps an, und drückten es bis unter die Kanonen von Mannheim zurück, bei welcher Gelegenheit der französische General Rievaud, nebst vielen Gemeinen blieb. Die Schlacht bei Hand-

Handschuheim hatte die wichtigsten Folgen, sie eröffnete die Bergstraße wieder, und stellte die Kommunikation zwischen den beeden Kayserlichen Armeen vollkommen her. F. M. Clairfait gieng sogleich in seine vorige Stelluug bei Arheiligen zurück, und General Quosdanovich schloß, da die Verstärkungen von der Wurmserischen Armee nach und nach ankamen, Mannheim ganz ein.

Die Belagerung und Eroberung der Festung Maynz war der Hauptzweck des französischen Uibergangs über den Rhein. Jourdan gab dieses bald klärlich zu erkennen. Er lagerte sich mit seiner 60000 Mann starken Armee zwischen der Neutralitätslinie, und dem Rheine, das Gebirg im Rücken, und verschanzte sich längst dem Maynufer. Sein Hauptquartier war in Wisbaden. Zu Ende Sept. fieng er an, Maynz und Kassel zu belagern, in welchen Festungen aber die stärksten Vertheidigungsanstalten und Mittel vorhanden waren. Kostheim war das erste Augenmerk des Feindes, um durch dessen Besitz sich Kassel nähern zu können. Er grif den Ort am 2. Okt. mit größter Wuth an, und bemächtigte sich desselben; kaum war er indessen darinn, so kamen die Deutschen und verjagten ihn wieder daraus. Er attaquirte aber mit verdoppelter Stärke und bemächtigte sich desselben zum zweitenmale, worauf am 3. Okt. ein Angrif auf Kassel unternommen wurde. Die Aktion dauerte von 2 Uhr Morgens bis Nachmittags, die Franzosen stürmten die Verschanzungen 3mal, wurden ben aber durch die tapfere Vertheidigung des Kommandanten Rheingrafen von Salm jedesmal zurück geschlagen. Das Kayserliche Kartetschen Feuer wüthete heftig unter den Reihen der Stürmenden, und als vollends die Besatzung von Maynz einen Ausfall unternahm, wurde der Feind bis Hochheim zurück getrieben. Kostheim, welches ganz ruinirt war, konnte von keinem Theile besetzt werden. Einen gleichen Angrif auf den Hartenberg trieben die Deutschen eben so glücklich ab. Am 5. Okt. wurde abermals ein äußerst hitziger Sturm auf Kaffel unternommen, aber mit keinem besseren Erfolge. Die Franzosen verloren in diesen Attaquen mehr als 3000 Mann; da hingegen der deutsche Verlust kaum einige hundert betrug.

Mittlerweile suchte Jourdan seine Observationsarmee hinter der Zirkumvallationslinie immer mehr zu verstärken, und dehnte solche bis nach Höchst aus, wo hingegen F. M. Graf Clairfait in seiner Stellung bei Arheiligen verschiedene Verstärkungen vom Oberrhein an sich zog, und hierauf gegen die französische Armee, um Maynz, es koste, was es wolle, zu entsetzen, anrückte. Diese nahm bei Annäherung der Deutschen eine Stellung hinter Höchst, ihr rechter Flügel war vom Maynstrom, der linke vom Gebirge gedeckt, und den Nidda Fluß hatte sie vor der Fronte. Graf Clairfait rückte an den Mayn vor, ließ bei Hanau, und auf andern Punkten seine Armee den Mayn paßiren, zog

das

das bei Aschaffenburg stehende Korps an sich, und drang so am 10. Okt. bis an die Nidda. Er besetzte die Dörfer Nidda, Rödelheim und Hausen, und ließ bei Singlingen, wo die Franzosen stark waren, einen Scheinangrif machen, um den Feind zu beschäftigen, während eine andere Colonne der Armee, welche die Avantgarde ausmachte, 12000 Mann stark, oberhalb Offenbach den Mayn paßirte. Diese Colonne nebst einigen leichten Truppen, Freikorps, reitender Artillerie ꝛc. marschirte Nachmittags hinter Bornheim, 1/2 Stunde von Frankfurt vorbei, und nahm die Richtung nach Höchst. In geringer Entfernung folgten noch ansehnliche Korps Insanterie und Kavallerie, welche in der nemlichen Schlachtordnung marschirten, und eben dahin zogen. Das Hauptquartier des Feldmarschalls kam nach Bergen. Zwei andere Colonnen der Armee, eine, welche unter Kommando des F. M. L. Baron Werneck den rechten Flügel formirte, gieng bei Seligenstadt, und die andere, angeführt durch den rühmlichst bekannten General Kray, den linken Flügel bildend, in der nemlichen Gegend über den Mayn. Hier kam es am 11. Okt. zu einer heftigen Kanonade, wobei die Franzosen hartnäckigen Widerstand leisteten, aber endlich unter heftigsten kleinen Gewehrfeuer mit ansehnlichen Verluste geworfen, und die Nidda forcirt wurde. Die Aktion dauerte etwa 3 Stunden, und nun giengen noch am nemlichen Tage verschiedene K. Korps über die Nidda.

Nidda. Am 12. Okt. grif General Kray die französische Position bei Höchst an. Die Kanonade und das kleine Gewehrfeuer dauerte den ganzen Tag; in der Nacht darauf aber verließen die Franzosen ihre Stellung eiligst, da sie gemerkt hatten, daß die am 11. Okt. bei Hausen über die Nidda gegangenen Kayserl. Truppen in Anmarsch waren, ihnen in den Rücken zu fallen. Ihr Rückzug war so eilig, daß gegen 20 Kanonen, Gepäcke, Munition und sogar Flinten zurück gelassen wurden. Sie zogen sich in möglichster Geschwindigkeit nach den Gebirgen. Die Kayserliche Kavallerie eilte ihnen nach und streifte am 12. Okt. schon bis Hochheim. Durch diese meisterhaften Manoeuvres und Dispositionen des sich um Deutschland unsterblich verdient gemachten Grafen Clairfait, war Maynz am rechten Rheinufer völlig entsetzt, die Kommunikation offen, und die feindliche Belagerung abgetrieben. Die Kayserliche Armee zog den Franzosen, welche aus Mangel an Lebensmitteln sich in den Gebirgen nicht lange halten konnten, nach, und hoffte sie zu einer Schlacht zu bringen. Diese retirirte aber in größter Eile immer weiter, weil Jourdan die Gefahr, worinn er sich befand, einsah. *) Sobald der verdienstvolle Gouverneur

---

*) Die Retirade des Grafen Clairfait bis übern Mayn, nach dem Uibergange der Franzosen übern Rhein, welche vielfältig getadelt wurde, war nach einem tief überdachten, den großen Kriegs-

neur von Maynz General Neu, bemerkte, daß
die Franzosen die Belagerung aufgehoben hatten, eilte er ihnen mit einem großen Theile der
Besatzung am 13ten Oktober nach, erreichte ihre
Arrieregarde noch in Wisbaden, und schlug sie
nach einem hitzigen Gefechte in die Flucht, machte
102 Gefangene, und rückte bis Langenschwal-
bach

Kriegseinsichten des durch seine sonstigen Thaten
sowohl, als kluge Rückzüge berühmten Feldmarschalls, angemessenen Plan, genommen worden,
und die Folge hat seine Maasregeln gerechtfer-
tigt. Clairfait mußte nemlich, es koste, was es
wolle, die Verbindung mit der Oberrheinischen
Armee zu unterhalten suchen. Er hatte die
ausgedehnte Linie von Kappel bis an den Anger-
bach zu vertheidigen, und nach dem Französischen Übergang über den Rhein kam hauptsächlich sein rechter Flügel in Gefahr, der sich an
nichts appuyiren konnte. Dieser sah sich daher
gleich in der Nothwendigkeit zurück zu ziehen.
Der Feldmarschall zog alle Corps hinter der Lahn
zusammen; seine Armee befand sich aber in der
Gefahr durch die Diversionen des Feindes, welcher durch seinen Marsch gegen Weilburg und
Wetzlar den Obermayn bedrohte, umrungen zu
werden. Er mußte sich also zurückziehen. Nur
in den Ebenen von Frankfurt konnte man
eine Schlacht anbieten oder annehmen, und
hier wollte Clairfait die feindliche Armee, ohnerachtet ihrer großen Überlegenheit erwarten.
Die unerwartete Übergabe von Mannheim, und
die Gefahr, in welche Heidelberg dadurch gerieth, vereitelte diese Entwürfe, und die Verle-
genheit vermehrte sich in der Maaße, als Pichе-
D   gru

vor, wodurch die Flucht der Feinde in*
*rge noch mehr beschleunigt wurde. Sie
.en sich nicht einmal Zeit ihr bequem ein-
htetes Lager zusammen zu reissen, sondern
ließen es mit einem ansehnlichen Vorrath
esammelten Proviant, Hülsenfrüchten, Erb-
n ꝛc., den Siegern. — Die Deutschen
folgten

gru Schwaben und Jourdan Aschaffenburg bedrohte. Heidelberg, das große Depot der Armeen war nur schwach gedeckt, da man auf
den Schutz von Mannheim gerechnet hatte: wären
diese Magazine verlohren gegangen, so würde
der gänzliche Mangel aller Mittel jede Unternehmung gelähmt, die Armeen zum Rückzuge gezwungen haben und Maynz und Ehrenbreitstein
hätten ihrer eigenen Vertheidigung überlassen
werden müssen. Die Pässe bei Heidelberg,
Wiesloch und Weinheim öffneten Pichegru den
Eingang zu den Artillerie Depots, und die
Möglichkeit des Verlustes von Heidelberg ließ
für die Zukunft alles besorgen. Es war also
dringend, den General Quosdanovich, welcher am Neckar kommandirte, zu Hülfe zu marschiren und Heidelberg zu retten. Diese Gründe
waren es, die den Feldmarschall bewogen, über
den Mayn herüber zu gehen, und für den Augenblick weiter nichts zu thun, als ein Corps
zu Aschaffenburg zu postiren, um die Bewegungen der Jourdanschen Armee zu beobachten.
Nach seiner Ankunft zu Arheiligen, zog der F.
M. gleich nach Weinheim, um die Unternehmungen, so er vor hatte, vorzubereiten, indem er
diesen Punkt, wovon sie abhiengen, mit Gefahr
einer

folgten den Feinden rasch nach. Am 14ten Oktober erreichten sie den Nachtrab disseits der Lahn bei Camberg in der Gegend von Würges, wo sie nach einem kurzen Gefecht abermals den Kürzern zogen. Am 15ten October war das Hauptquartier des F. M. Clairfait zu Weilmünster, zwischen Usingen und Weilburg. —

Die

einer Schlacht behaupten wollte, die er entschlossen war, auf beiden Ufern des Neckars zu liefern; hernach erst wollte er über den Mayn gehen. Der General Quosdanovich kam durch seinen Sieg dem Feldmarschall zuvor, und gab ihm die Mittel und die Zeit die beträchtlichen Detachements an sich zu ziehen, durch welche er den Posten von Heidelberg verstärkt hatte. Als dieses geschehen war, bewerkstelligte man den ersten Entwurf über den Mayn zu gehen, um dem General Jonrdan eine Schlacht zu liefern, dessen Heer gänzlich aufgerieben gewesen wäre, wenn er nur 2 Tage den schleunigen Zurückzug aufgeschoben hätte, wozu ihn die angezeigten Manövres unabänderlich zwangen. Dieser Zurückzug, wozu man den Feind zwang, ist um so wichtiger, weil, ausser der Befreiung von Maynz und Ehrenbreitstein, Deutschland dadurch auch von den schrecklichen Entwürfen des Feindes gerettet wurde. Vom 14. Oct. an achteten die Französischen Armeen nicht mehr auf das Demarkations- und Neutralitätssystem, indem sie, wo es ihnen gut dünkte, das Recht des Stärkern ausübten, welches dem Deutschen Reiche alle Arten von Drangsalen und Unglück gebracht haben würde.

Die schnelle Forcirung der Nidda durch die Deutschen, ohne sonderlichen Verlust, trug wesentlich zu dem schnellen Siege der Kaiserlichen bei, und beschleunigte die Flucht des Feindes. Durch die weisen Dispositionen des Grafen Clairfait wurde die franz. Armee, welche in den Gebirgen an allem Mangel litte, von den Kaiserl. die zahlreich über die Lahn giengen, fast gänzlich eingeschlossen, und es blieb ihr nichts übrig, als entweder eine sehr gefährliche Schlacht zu wagen, oder am Niederrhein über den Rhein wieder zurück zu gehen. Jourdan wählte das Letzte. Der gewagte Rheinübergang war also auch diesesmal, wie fast jedesmal, für die Franzosen unglücklich ausgefallen. Bei Limburg eroberten die Kaiserlichen eine große Menge Bagage, Munitionswägen und schweres Geschütz. Uiberhaupt war die Beute der Sieger sehr groß. Am 19ten Oct. belief sich die Anzahl der eroberten Kanonen schon auf 112. Eine Kriegskaße, viel Ammunition, Kriegsgeräthschaften, und eine große Menge Lebensmittel, unter andern blos 2000 Ochsen fielen den Siegern in die Hände. Bei Camberg machte man am 14ten Oct. nur allein 1000 Mann gefangen, ohne den sonstigen Verlust. — Und dieser große, in den Folgen äußerst wichtige Sieg, kostete den Deutschen nur wenig Blut. Deutschland war gerettet. Bei dem Rückzuge verübten indeßen die Franzosen leider! da, wo sie hinkamen, Verwüstungen und Greuel, wovor sich die Natur entsetzt, und welche an manchen Orten

die

die Einwohner zur Verzweiflung und Gegenwehr brachten. Der Prinz Ferdinand von Würtemberg erließ aus Diez einen Aufruf an die Einwohner zur Bewafnung, welcher den beßten Erfolg hatte, so daß gegen 10000 Landleute die Waffen ergriffen, manchen Franzmann erlegten, und in der Maaße den Kaiserl. Generals nützlich wurden, weil durch den Postendienst, welchen sie verrichteten, den Corps der Rücken gesichert wurde, daß die Truppen dem Feinde nacheilen konnten.

Die Kaiserlichen Generale folgten den fliehenden Franzosen allenthalben nach. General Borros faßte am 15ten October in Gegenwart des Feindes bei Singhofen Posto, und rückte am 16ten gegen Naßau vor, woselbst er den Feind auf der Retirade noch antraf. Er grif muthig an, und jagte ihn in solcher Verwirrung über die Lahn, daß er den Kaiserlichen einige Pontons der Brücke überlassen mußte. 60 Franzosen mit etlichen Offiziers fielen in Gefangenschaft. Naßau wurde besetzt, und als der Feind in der Nacht die Lahn verließ, verfolgte ihn General Borros bis Bad-Ems, und detachirte leichte Truppen gegen Ehrenbreitstein. General Kray nahm am 17. Oct. Besitz von Diez und Limburg, in welch letzterer Stadt er mehrere Munitions und Bagagewagen fand. Die Brücken bei genannten Städten, welche der Feind gesprengt hatte, stellten die Kaiserlichen wieder her. Zu Unterstützung des Generals Habdick paßirte Gen. Montfraul die Lahn bei Weilburg

und lagerte sich bei Ahlendorf. Das Corps
Reserve war vor Limburg an der Elsbach
irt. General Haddick verfolgte den Feind
Hadamar. General Kray marschirte nach
ntabaur, und Gen. Borros brach eben dahin
er Absicht auf, die Festung Ehrenbreitstein
ütsetzen, welches am 18ten Oct. wirklich ge-
). Er ließ die Communikationsbrücke der
zosen an der Insel Niederwerth durch seine
terien und jene von der Festung Ehrenbreit-
in Grund bohren, und landete hierauf des
hts an der untern Spitze der Insel, stürmte
stark verschanzte Kloster und die andern
terien der Franzosen, eroberte solche und trieb
flüchtigen Feinde nach der obern Spitze der
l. Hier wollten sie sich auf 6 bereit gehal-
n Schiffen zurückziehen, alleine der einsichts-
Borros hatte eine Batterie errichten lassen,
je die Schiffe dermaßen beschoß, daß viele
zosen im Rhein ersoffen, der Rest sich aber
ngen geben mußte. Er bestand in 20 Offi-
und 875 Gemeinen. Ehrenbreitstein war
ganz entsetzt.

Während dieses bei der Clairfaitischen Armee
leng, war F. M. Graf Wurmser zu Hei-
erg angekommen, und übernahm das Com-
do über die ganze dort versammelte Armee.
ekognoszirte am 17ten October die französi-
Verschanzungen bei Seckenheim, welche
von Neckarshausen bis Mannheim erstreck-
und beschloß des folgenden Morgen anzu-
grei-

greifen. Der Angrif geschah schon um 5 Uhr. Das Gefecht war hartnäckig, und mörderisch. Kein Theil wollte weichen, bis endlich die Oestreichische Kavallerie dem Gefechte wieder den Ausschlag gab. Diese richtete ein großes Blutbad unter den Franzosen an, während welchem die Infanterie sich der feindlichen Verschanzungen und des ganzen Lagers bei Neckartshausen bemächtigte. Bis 9 Uhr war der franz. linke Flügel gänzlich geschlagen, wo auch mehrere Kanonen erobert wurden, um 11 aber waren die Feinde auf allen Seiten geworfen, wurden bis unter die Kanonen von Mannheim getrieben, belagert und bombardirt. Diese Schlacht war auf beiden Seiten sehr blutig: was sich nicht vom Feinde in die Festung geworfen hatte, wurde von der Cavallerie niedergehauen, in den Neckar oder Rhein gesprengt, oder gefangen. Der feindliche Verlust an Todten, Verwundeten und Gefangenen belief sich über 2400 Mann, worunter der Gen. Audinot mit seinem ganzen Stabe; Kanonen eroberte man 16. Aber auch die Kaiserlichen erlitten einen empfindlichen Verlust, welches jedoch nicht anders seyn konnte, da sie wider Verschanzungen zu fechten hatten. Man rechnete, daß der Sieg den Deutschen an 1000 Mann gekostet habe, worunter jedoch die meisten nur verwundet waren. General Hoze führte die Grenadiers gegen die Verschanzungen an, und trug durch seine Tapferkeit vieles zum glücklichen Ausgange bei. General von Degenschild wurde ver-

wun-

wundet, so auch der durch so viele Gefechte bekannte Major Simitsch von Michaelowitz Freikorps; der einzige Sohn des tapfern Grafen La Tour und Hauptmann Simonis von Sam. Giulay blieben. Oberst Walsch von Gemmingen befand sich unter den Gefangenen.

Nach dem ebenerwehnten Siege zogen sich die Oestreicher auf Kanonenschußweite von Mannheim zurück, fiengen gleich folgenden Tags die erste Paralel Linie an, und setzten dieses Werk mit 2000 aufgebotenen Bauern fort. Diese Linie gieng vom rechten Flügel an der Fahrt über den Neckar bei Freidenheim bis zum linken Flügel an den Neckerauer Wald, der an den Rhein stößt. Die Franzosen hatten Verstärkung in Mannheim erhalten, lagerten sich unter die Kanonen der Festung am Heidelberger Thore auf der Viehweide, und errichteten starke Batterien am Neckar und dem Galgenberge. Alle Tage fielen Plänkeleien vor, vorzüglich wagten sie am 25ten Oct. einen starken Ausfall, der ihnen aber ohne Nutzen mehr als 100 Mann kostete. Die oberwehnten feindlichen Batterien konnten den Deutschen sehr nachtheilig werden, daher beschloß der graue Held Graf Wurmser ohne die Ankunft des schweren Belagerungs-Geschützes zu erwarten, in der Nacht auf den 29. October die Batterien mit Sturm wegzunehmen. Abends um 7 Uhr mußte der brave General Meszaros das zu Bedeckung der Batterien errichtete französische Lager überfallen. Die Verschanzungen
wurden

wurden mit ausnehmender Tapferkeit erstürmt, der Feind in die Flucht gejagt, und die auf den Batterien gestandenen Kanonen erobert. Die Kaiserlichen verfolgten den Feind bis in die Neckarschanze, drangen hinein, und vernagelten alle Kanonen, welche sie jedoch nicht fortbringen konnten, zumal da nunmehro ein heftiges Kartätschenfeuer aus der Festung auf sie gemacht wurde. Sie blieben inzwischen doch 10 Stunden in der eroberten Neckarschanze, und verließen solche nur auf Befehl des F. M. Wurmser, weil sie nicht in den Plan gehört hatte, und nur aus Uibermaas der Hitze weggenommen worden war. Indessen hatte der geschickte Gen. Lauer aus diesem Umstande den größten Nutzen zu ziehen gewußt. Er ließ nemlich während des Feuers und der Aufmerksamkeit des Feindes auf die Neckarschanze, neue Werke zur Belagerung von Mannheim auf dem eroberten Galgenberge vollenden, und die dorthin bestimmten Truppen Besitz davon nehmen. Nach diesem wurde erst die stark beschädigte Neckarschanze verlassen, und 4 leichte Kanonen als Siegeszeichen vom Kampfplatze eingebracht. Der Muth der Kaiserlichen gieng soweit, daß sie in der Hitze durch das stark beschädigte Neuthor in die Festung eindringen wollten. Die Generale von Fröhlich und Petraß, zeichneten sich sehr aus. Auch der würdige F. M. L. La Tour trug das Seinige zum Glücke des Tages bei.

Der

der 29ſte October 1795 iſt unter
merkwürdigſten Tage des ganzen
ges zu rechnen, der glorreichſte und
gſte für Deutſchland, groß in den Folgen
uf immer in der Geſchichte merkwürdig.
icht blos der erſterwehnte Sieg des Gra-
Wurmſer bei Mannheim zeichnete ihn aus,
n noch viel mehr die herrlichſten Lorbeern,
die Armee des F. M. Clairfait einernd-
ein Sieg, der wenige in der Geſchichte
Gleichen haben wird. Nachdem nemlich
faſt mit ſeinen Truppen die Franzoſen nach
Niederrhein verfolgt hatte *), wobei meh-
Sefechte, ſämmtlich zum Nachtheil des Fein-
orfielen, wendete er ſich plötzlich mit dem
tkorps nach Mainz zurück, nahm am 27ten
as Hauptquartier zu Flörsheim, hielt am
Kriegsrath, und rückte in der Nacht 28
) Oct. mit ſeiner kaum 35000 Mann ſtar-
rmee in Maynz und in dortige Gegend.
einſichtsvollen und tapfern Kaiſerl. Feldherrn

---

erkwürdig iſt allerdings die Vergleichung des
Kaiſerlichen und Franzöſiſchen Rückzugs. Erſtere
verloren auf ihrer Retirade mit Einſchluß des
feindlichen Uiberganges über den Rhein kaum etliche hundert Mann, und etwa 20 Kanonen, letztere hingegen in Zeit 14 Tagen über 300 Kanonen, 150 Munitionswagen, und hinterließen
Beute aller Art. Die deutſche Armee war nach
dem Rückzuge im beſten Zuſtande, die Franzö-
ſiſche aber ganz zerrüttet.

Herrn Absicht war auf die französischen Verschanzungen und die feindliche Armee jenseits des Rheins gerichtet. Und doch konnte niemand glauben, daß der Feldmarschall auf diese berüchtigten und als unüberwindlich ausgeschrieenen Werke mit so geringer Mannschaft sein Absehen wirklich haben könne. Aber Klugheit, Muth und Tapferkeit überwanden alle Schwierigkeiten. Die Werke der Franzosen, an denen sie über ein Jahr gearbeitet hatten, und deren Kunst, Vestigkeit und Ausdehnung jeden Augenzeugen in Erstaunen setzte, wurden durch 52 Bataillons, 5 Kavallerie Regimenter reitender Artillerie, 3 Artillerie Regimenter zu Fuß, 2 Regimenter Sappeurs, 2 Mineurs 2c. vertheidigt. Außer dieser Armee stand noch ein Corps bis nach Ingelheim zu, wo das Hauptquartier des feindlichen General Chales sich befand, so, daß man das Ganze auf 80000 Mann schätzte. Die ungeheuern feindlichen Werke glichen 50 kleinen Festungen, durch dreifache Gräben, Wolfsgruben, Spanische Reuter, Pallisaden und vielerlei Anlagen unter einander verbunden, wohinter die Lager der Erdhütten sich befanden. Gunsenheim, Heiligen=Creutz, Hechtsheim 2c. stellten förmliche Festungen vor, und diese erstaunlichen Werke enthielten, 600 Kanonen, Mörser und andere Artillerie Stücke. — So unüberwindlich die feindlichen Verschanzungen zu seyn schienen, so faßte Clairfait doch den Entschluß sie anzugreifen. Sein Plan wurde durch die Natur begünstigt.

Die

Die Nacht des 28 — 29ten October war stürmisch, wodurch der Feind nichts von den Zubereitungen merken konnte. Der Zug der Truppen durch Maynz dauerte bis 4 Uhr Morgens, und um 6 Uhr begann der Angriff in 5 Kolonnen, welche Graf Clairfait selbst anführte. Er geschah blos auf die Fronte der Verschanzungen, aber in ihrer ganzen Ausdehnung. Die Kolonnen giengen sämmtlich in gleicher Richtung über den Rhein, so daß immer eine die andere unterstützen konnte. Die einzige Diversion, welche gemacht wurde, war die von dem berühmten Major Williams, der auf dem Rheine mit seinen Kanonierschaluppen von Bobenheim *) her wirkte, und viel zur Niederlage des Feindes beitrug, indem er mit außerordentlicher Uiberraschung an der Seite der Linien erschien, und mit seinen Leuten landete. — Die Generäle führten die Truppen selbst zu Fuße an. Die Angriffe geschahen mit dem Bajonette zu gleicher

Zeit

---

*) Französischer Seits legte man die Schuld des großen Unglücks, des Verlustes der Linien, und der Niederlage dem General Courtot (auch Verrätherelen) bei, welcher sich, nachdem Williams bei Nackenheim über den Rhein gegangen war, zuerst die Linien mit seinen Tschaickentruppen (etwa 200) angegriffen, und Laubenhaim erstürmt hatte, in den Rücken hatte kommen lassen, und zuerst die Flucht nahm, weshalb er auch zu Landau einem Kriegsgericht unterworfen wurde, aber entfloh.

Zeit auf Mombach, Zahlbach, Heilligenkreuz, Weißenau und Hechtsheim. Die Regimenter Pellegrini, Manfredini und Maynzer, erstiegen an der Seite ihrer Generale, ohne einen Schuß zu thun den Hechtsheimer Berg und die Schanzen; — nicht minder tapfer waren auch die andern Kolonnen, und die Reichstruppen (Bamberger, Salzburger, Lütticher, Maynzer ꝛc.) welche etwa 1/3 der Armee ausmachten. In der ersten Uiberraschung hatte der Feind die ersten zwei Linien fast allenthalben verlassen, aber bei Tags Anbruch zog er sich in die dritte, und leistete da den hartnäckigsten Widerstand. Ein entsetzliches Hecken, Kartätschen und Grenadenfeuer streckte eine große Anzahl Deutsche nieder und hielt den Sieg an 2 Stunden auf. Dreimal wurden sie zurück geschlagen, und dreimal setzten sie mit doppelter Tapferkeit an, bis es ihnen gelang den Feind auch aus den 3ten Linien zu werfen. Die mit Wasser angefüllten Festungs-Graben bei Gunsenheim und Hechtsheim, 3 Mann tiefe Graben, 5 Fuß tiefe Spanische Reuter, Wolfsgruben ꝛc. durch eine außerordentliche Anzahl Kanonen und Mannschaft vertheidigt, alles mußte der Wuth des Kriegers weichen. Schon war der Sieg vollständig errungen, als sich noch eine Menge Franzosen in dem Mombacher Wald, welcher fast in lauter Verhaue

---

*) Diese litten auch sehr, Pellegrini verlohr 2, und Manfredini 15 Offiziers.

hatte verwandelt war, von neuem setzte, und hartnäckig wehrte. Aber auch hier war der Widerstand vergeblich, um 9 Uhr waren die Deutschen ganz Uiberwinder der unüberwindlichen Linien und Bergschanzen. Nun übermannte die Franzosen ein panischer Schrecken: sie ließen Kanonen, Mörser, Haubitzen, Munitions und andere Wagen, Bagage und Schanzzeug in Stiche, 72 Pulverwagen sprengten sie in die Luft, und selbst von den mit fort genommenen Kanonen blieben viele auf dem Rückzuge stehen. Im Hauptquartier des feindlichen Generals zu Ingelheim fand man die Kriegskanzlei, des Generals Schriften und des berüchtigten Convents-Deputirten Merlin von Thionville Parade Wagen. Die Straße nach Bingen war mit Todten, Verwundeten, vernagelten Kanonen rc. übersäet; man fand blos an 20000 weggeworfene Flinten. Die Sieger verfolgten den flüchtigen Feind noch am 29ten October bis über Ingelheim, und auf der andern Seite über Oppenheim bis Alzey. Die Hauptarmee lagerte sich auf dem Schlachtfelde und in den gemachten Eroberungen. In den Verschanzungen fand man 36 Kanonen, eine Menge Munitionswägen, und andere Kriegsgeräthschaften. Gefangen wurden 2 Generale, 1 Oberst, 151 Offiziers, und 1580 Gemeine. Bis zum 2. Nov. waren 138 Artilleriestücke, 250 Munitionswägen, 140 andere Wägen, ein starker Vorrath an Schiffbauholz und sehr ansehnliche Provisionsdepots erobert.

erobert. In Bingen fiel den Kayserlichen ein Magazin in die Hände, welches auf 1 1/2 Mill. Thaler geschätzt wurde, und zu Alzei ein beträchtliches Mehl und Getreid Magazin. Überhaupt machte man bei der fernern Flucht des Feindes noch viele Beute im Nachsetzen. Der Verlust des Feindes an Todten, Verwundeten und Entlaufenen wurde bis auf 6000 Mann angegeben. — Von deutscher Seite blieben die verdienstvollen Generale F. M. L. Baron Schmerzing, und General Major Graf Wolfenstein, Vice-Gouverneur von Maynz, noch 4 Offiziers, 154 Mann und 64 Pferde. Verwundet wurden 72 Offiziers, 1100 Mann, 49 Pferde. Vermißt 1 Offizier, 124 Mann. In allem also bestand der Verlust in 1465 Mann. Unter den Verwundeten befand sich Obrist Schellenberg von Manfredini, des tapfern Generals Baron von Neu, Gouverneurs von Maynz (dem selbst ein Pferd unterm Leibe erschossen wurde) Sohn, und der Fürst Friedrich von Schwarzenberg, welcher zum allgemeinen Leidwesen am 18. Nov. an seinen Wunden starb. — Zu Demolirung der französischen Werke vor Maynz wurden 8000 Bauern beordert, und der sich besonders auch in dieser berühmten Schlacht ausgezeichnete Prinz von Anhalt Durchl. setzte in der Gegend von Oppenheim viele Pferde in Requisition, um die Beute aller Art nach Maynz zu bringen.

Der Hauptarmee des F. M. Clairfait wurde in ihrer Stellung bei Maynz, um zu neuen

Lorbeern Kräfte zu sammlen, einige Tage Ruhe gegönnet: um aber den Sieg zu benutzen und zu verfolgen, brach ein Korps unter dem Prinzen von Hohenlohe Durchl. nach Bingen auf, nahm die Stadt und den Rochusberg ein, und besetzte diesen wichtigen Posten. Ein feindliches Detachement, welches von Kreutznach nach Simmern zurück gehen wollte, sich aber nach Bingen verirrte, wurde zu Gefangenen gemacht. General Graf Nauendorf rückte mit einem Korps bis gegen Mounsheim und Kirchheim vor, um die Armee des Generals Chales, welcher sich dorthin nach der Niederlage vor Maynz, gezogen hatte, zu beobachten. Bei dieser Gelegenheit stießen die deutschen Truppen am 2. Nov. auf die französische Avantgarde bei Stetten und Jlversheim. Oberstlieutenant Zirack grif den Feind muthig an, schlug die Kavallerie in die Flucht, und zerstreute die Infanterie, worauf Graf Nauendorf am folgenden Tage bis an den sogenannten Donnerteich vorrückte, das dort postirte feindliche Corps angrif, in die Flucht schlug, 200 Franzosen tödtete und 100 gefangen nahm. Der Kaiserl. General drang nun über Oberflörsheim bis an die Pfriem vor.

Nach einiger Erholung brach F. M. Graf Clairfait am 5 Nov. mit der Hauptarmee ebenfalls auf. Eine Kolonne unter dem Grafen Wartensleben gieng über Alzey, die andere unter Clairfaits eigner Anführung in die Gegend zwischen Osthoven und Westhofen und von da nach

nach) Worms. General Nauendorf rückte bis Rochenhausen vor, griff am 6ten November das französische Lager an, und ohnerachtet solches auf einem Berge und mit doppelten Verhauen versehen war, so wurden die Feinde doch daraus und in die Flucht getrieben, 200 Gefangene gemacht und 300 getödtet.

Die Armee des Jourdan hatte mittlerweile, nachdem sie vollends bei Neuwied den Rhein repaßirt war, das dortige Tete de Pont verlassen hatte, (welches von den Kaiserlichen wieder besetzt wurde) und nun Deutschland vom Feinde auf der rechten Seite des Rheins, bis auf Düsseldorf, welches auch in diesem Jahre den Franzosen nicht mehr entrissen werden konnte, vielmehr von ihnen sehr befestigt wurde, befreit war, — sich wieder zu sammeln gesucht, und durch Corps aus den Niederlanden, Holland ꝛc. den erlittenen Verlust ersetzt. Jourdan detachirte den General Marceau mit 30000 Mann gegen den Hundsrücken, um dem General Pichegru, welcher Mannheim entsetzen wollte, zu Hülfe zu kommen, und sich sodann zusammen zu vereinigen. Gegen zwei so zahlreiche feindliche Heere hatte die weit schwächere deutsche Armee nur ihre Tapferkeit entgegen zu setzen. Es glückte aber der weisen Anführung Clairfaits und der tapfern Generale vollkommen, nicht nur den Jourdan zurück zu halten, sondern auch Pichegru zu schlagen, zurück zu treiben, die Eroberung Mannheims dadurch zu beschleunigen,

E und

und die Communikation der feindlichen Armee zuschneiden. Nach Eroberung der Linien vor Maynz war Pichegru in den ersten Tagen des Novembers mit einer Armee von 70000 Mann und starken Artillerie an die Pfriem vorgerückt, und hatte sich zwischen Worms und dem Donnersberg gestellt. Clairfait, welcher zu schwach war, einen so starken Feind mit den Truppen seiner Armee allein anzugreifen, zog ein Corps von der Wurmserischen Armee an sich, welches am 9ten November unter dem General Grafen la Tour über den Rhein gieng, und sich dann mit der Clairfaitischen Armee vereinigte. Sobald die Verstärkung angekommen war, beschloß der Kaiserliche Feldmarschall den Angrif. Letzterer geschah am 10ten November früh in 3 Colonnen wirklich. Diese rückten gegen die Pfriem an, während der Feind in seiner ganzen Linie angegriffen wurde. F. Z. M. Wartensleben attaquirte von Alzey her gegen Kirchheimboland, und bemächtigte sich dieses wichtigen Postens, General Nauendorf drang bis Gellheim vor, und General Kray beschäftigte mit der Avantgarde den Feind so lang, bis Clairfait mit den Colonnen anlangte, welche sogleich in Treffen formirt wurden. Das erste rückte unter dem Schutze der mit Kartätschen feuernden Batterien auf die Höhen von Niederflörsheim, und nachdem durch den wackern Artillerie Major von Schuhay die feindlichen Batterien zum Schweigen gebracht worden, ließ man die an der

Pfriem

Pfriem gelegenen Dörfer stürmen, wobei die Infanterie mit dem Bajonette in dieselben und auf die vorwärts gelegenen Höhen vordrang. Auf diese Weise waren die Linien an der Pfriem bezwungen. Pichegru wurde genöthigt, mit einem Verlust von beinahe 1000 Mann, bei anbrechender Nacht hinter die Elsbach und weiter in die Stellung zwischen Neustadt und Dürkheim zu gehen, nachdem er alle Zugänge an der Pfriem verdorben hatte, damit er in der Finsterniß nicht verfolgt werden konnte. Die Deutschen drangen über Worms bis Frankenthal vor.

Während diesem, war dem Plane der feindlichen Generale Pichegru und Jourdan zu Folge, General Marceau auf dem Hundsrücken gegen Kreuznach vorgerückt. — Von der Behauptung dieses wichtigen Postens hieng die Trennung der beiden feindlichen Armeen ab. Am 12ten November attaquirte der Feind Kreuznach mit vieler Mannschaft und großer Wuth. Der Posten war nur durch 1 Bataillon Darmstädter, 3 Eskadrons Kaiserlicher, 1 Comp. Rothmäntel und dem Maynzer Freicorps besetzt. Nach heftigem Widerstand fiengen die Deutschen zu wanken an. Der tapfere General Major Rheingraf Carl von Salm-Grumbach eilte auf die hiervon erhaltene Nachricht zur Unterstützung mit 2 Fränkischen und 2 Köllnischen Bataillons herbei; aber kaum hatte er mit der Avantgarde eine Kanone und etliche Mannschaft abgeschickt, als das ganze Detachement in größter Verwirrung

rung durch die Stadt gedrängt und vom Feinde verfolgt wurde, wobei 2 Heßische Kanonen und die vorerwehnte verlohren giengen. Die Deutschen mußten bis vors Mannheimer Thor retiriren. Durch die Tapferkeit des fränkischen Hauptmanns von Kegeth und des Bataillons Juliazy, welches auf Befehl des Generals wieder in die Stadt eindringen mußte, wurden indeßen die verlornen Kanonen wieder erobert und die Nahe Brücke besetzt. Alleine der Feind repousirte die Truppen abermals, bis sich endlich der Rheingraf Salm zu Fuße an die Spitze seiner Truppen stellte, mit gefälltem Bajonette vordrang, den Feind vertrieb, und noch 1 Kanone eroberte. Auf diese Art wurde dieser wichtige Posten behauptet, von welchem die Trennung der Armee des Jourdan und Pichegru abhieng. Bei diesen hitzigen Attaquen zeichneten sich die fränkischen, heßischen und Churköllnischen Truppen, der Obrist Kanisius, die Hauptleute von Weidenbruck und Hundhausen, die Bamberger Offiziers und der K. Königl. Oberlieutnant von Diemar vom Generalstaab ausnehmend aus. Das Corps an der Nahe unter Kommando des braven Feldmarschall-Lieutenant Baron Brugglach behauptete sich auf diese Art in seiner Stellung, so wie auch G. M. Fürst Hohenlohe, welcher zu gleicher Zeit in Stromberg angegriffen, und bis Bingen zurückgedrückt worden war. Durch die Tapferkeit der Waldecker Dragoner wurden auch hier 400 vom Feinde nie-
bergr-

vergehauen, derselbe wieder aus Stromberg belogirt, und ihm eine Kanone abgenommen. — Der Sieg der Deutschen bei Kreuznach und das Zurücktreiben des Gen. Marceau war das Signal für den tapfern Clairfait weiter gegen Pichegru anzurücken, und diesen, es koste, was es wolle, aus seiner neuen Position zu vertreiben, um dadurch die Uibergabe Mannheims an die Wurmserische Armee zu beschleunigen, und dem Feinde, dessen Armeen immer mehr Zuwachs an frischen Truppen erhielten, zuvor zu kommen. Nach dem Verluste der Linien an der Pfriem und von Frankenthal hatte Pichegru eine Stellung hinter dem Frankenthaler Bach genommen, Oppau, Friesenheim, Epstein, Flommersheim, Lambsheim, Meißenheim und Türkheim besetzt, um dadurch die Kaiserlichen auf der linken Rheinseite von Mannheim abzuhalten, und die Festung indessen mit allem Nöthigen, zum Aushalten einer längern Belagerung, zu versorgen. Die französische Stellung war sehr vortheilhaft. Der Friesenheimer Wald und die umliegenden Moräste deckten die rechte Flanke; der Fronte war wegen dem Frankenthaler Kanale, dem Bache, dem Flosbach, Fuchsbach und den dazwischen liegenden Sümpfen und Morästen nicht anders, als auf den ordentlichen, zu obgenannten Ortschaften führenden Wegen beizukommen, und die rechte Flanke war durch wohl besetzte und verwahrte Gebirgsposten gedeckt. — Alle diese Schwierigkeiten wußte das militärische Genie des

des Feldmarschalls und der deutschen Generale zu überwinden, und den Sieg bei Frankenthal am 14ten November zu einem der wichtigsten zu machen. Schon am 13ten November mußte General Kray Türkheim allarmiren, und den Feind aus Leistadt, Kahlstadt und Ulmstein vertreiben, indessen Obrist Elsnitz, Maj. Revay, und de Best auf Watternheim und Hartenburg vorrückten und die rechte Flanke des General Kray sicherten. Am 14ten November demonstrirte erstgenannter General gegen Türkheim, und die Hauptarmee rückte auf Frankenthal, Geroldsheim und Freinsheim vor. Eine Kolonne der Armee fieng den Angrif von Geroldsheim her gegen Lambsheim an. General Baillet mußte erstgenanntes Städtchen attaquiren. Der Feind wehrte sich hartnäckig, während dem Brücken über den Fuchsbach geschlagen, und dadurch der Ort tournirt wurde. Das Bataillon Murray erstürmte das Städtchen mit dem Bajonette und setzte sich da vest, das Bataillon Beaulieu aber, welches den Feind verfolgte, gerieth in das Kartätschenfeuer einer feindlichen Batterie, hielt solches aber, des beträchtlichen Verlustes ohnerachtet, aus, um der ganzen Kolonne Zeit zu verschaffen mit der Artillerie durch die Defileen zu kommen. Die Kavallerie konnte gar nicht gebraucht werden, das meiste mußten die Kaiserl. Batterien unter der geschickten Leitung des General Grafen Kollowrath, Major Schuhay und Hauptmann Fa‐
scheng

scheng erwirken, welche das feindliche Feuer zum schweigen brachten. Die Einnahme von Lambsheim war das Zeichen zum Angriff für den linken Flügel. F. M. L. Graf Latour, unter deßen Commando er stand, attaquirte in 3 Kolonnen. Er selbst mit der zweiten marschirte auf der Chauſſee gegen Studernheim und Oggersheim los, ließ die erste unter Commando des F. M. L. Baron Lilien Flammersheim und Eppstein angreifen, und General Ott mit der dritten Kolonne mußte Edickheim, Oppau, den Friesenheimer Wald, und Friesenheim selbst wegnehmen. Um den Angrif der ersten und zweiten Colonne zu erleichtern, rückte F. M. L. Zehentner von Lambsheim gegen Epstein vor, wodurch letzter Ort und auch Flommersheim desto leichter eingenommen und behauptet werden konnte. Der Adjutant des General Bajalich, Lieutenant Bajoliers, ritt, nachdem der Feind die Redoute bei Eppstein verlassen hatte, mit einigen Reutern durch den Frankenthaler Bach, und eroberte zwei Kanonen mit den Munitionskarren. Indessen rückte die 2te Kolonne gegen die auf der Chaußee befindlichen feindlichen Batterien an, welche der Feind, da sie von dem rühmlichst bekannten Grafen Klenau umgangen wurden, mit Hinterlassung von 3 Munitionskarren verließ, und außerdem noch viele Leute verlohr. Diese Kolonne rückte hierauf gegen Oggersheim vor, welches der Feind eiligst räumte, und worauf die Stadt nebst dem darin befindlichen be-

trächträchtlichen Munitionsmagazin von den Kaiserlichen besetzt wurde. — Die dritte Kolonne unter Commando des General Ott paßirte den Frankenthaler Bach, griff Edickheim an, emportirte den Ort und verjagte den Feind mit einer solchen Schnelligkeit aus Oppau, daß er auch en Friesenheimer Wald verließ, worauf Gen. Ott Friesenheim occupirte, und sich mit Oggersheim in Verbindung setzte. Sobald die Deutschen Meister von letzterer Stadt waren, eilte ein starkes Detachement nach der Rheinschanze um sie zu stürmen, aber die Franzosen waren schon abgezogen, daher sie blos besetzt wurde. Hierauf wurde die Linie über Rugheim gegen Eppstein auf Lambsheim und längst dem Fuchsbach gezogen. F. M. L. Werneck, welcher mit dem rechten Flügel der Armee von Freimersheim und Meisenheim vorgerückt war, ließ die Arsheimer Mühle beschießen, vertrieb den Feind daraus und detachirte demnächst 3 Grenadiers-Bataillons an den Fuchsbach, wodurch der Angriff auf Lambsheim sehr erleichtert wurde. Nach der Einnahme dieses Orts paßirte Baron Werneck auf einer in Eile verfertigten Brücke mit 1 Bataillon und 4 Eskadrons den Fuchsbach; und da zu gleicher Zeit auch vom Centro der Armee Truppen und Artillerie übergesetzt wurden, so verminderte sich der Widerstand des Feindes immer mehr, und zog er seine Truppen größtentheils hinter den Frankenthaler Bach. Die heftigste Kanonade dauerte nun noch bis in die

die Nacht fort. Die Kaiserliche Armee blieb in ihrer Stellung am Fuchsbach, die Franzosen hingegen retirirten hinter die Rehbach und vor Tags hinter den Speyerbach. Sie wurden bis dahin verfolgt, und F. M. Clairfait rückte hierauf am 15ten November auf Rheingenheim, Mutterstadt und Hochdorf vor. General Nauendorf war indessen im Gebirge gegen Trippstadt und Obrist Elsnitz gegen Frankenstein vorgedrungen, und hatten sich dieser wichtigen Posten bemächtigt. Das Hauptquartier des Kayserl. Feldmarschalls war zu Oggersheim, und die Vorposten wurden bis an die Rehbach gestellt. Mannheim war nun ganz eingeschlossen, und um dessen Uebergabe zu beschleunigen, wurden unter Direktion des geschickten Generals Grafen Kollowrath Haubitz-Batterien in der Rheinschanze errichtet, und die Festung mit beßtem Erfolge beschossen. — In der vorerwehnten Bataille vom 14ten November, und den verschiedenen einzelnen Gefechten, verloren die Franzosen 5000 Mann und Magazine aller Art. Die Deutschen eroberten 22 Kanonen und 100 Munitionswagen. Ihr Verlust im Ganzen betrug keine 1000 Mann. Die Tapferkeit des Generals Karaiczy, Baron Seckendorf, Obristlieutenant Kuivri, der Rittmeister Grafen Schafgotsch und Provencher, Hauptmann Hamsa und Oberlieutenant Seethal trug vieles zum Siege der Kaiserlichen bei.

Nach Einnahme der obengenannten Posten von Trippstadt und Frankenstein durch die Generals

rals Kray und Nauendorf rückten diese Feldherren am 16ten November gegen Kayserslautern vor, wo ein starkes feindliches Corps verschanzt stand, und zwangen solches durch geschickte Manöuvres theils nach Bitsch, theils nach Landau zu retiriren. General Nauendorf postirte sich mit seinem Corps am Flusse Glahn, um die Armee des Gen. Jourdan zu beobachten und ihr alle Communikation mit Pichegru abzuschneiden. General Kray aber nahm am 17 November Neustadt und Gen. Ott Speyer ein. Pichegru sah sich durch den Verlust von Kayserslautern genöthigt die Linien der Rehbach und Speyerbach zu verlassen, und sich in die Linien der Queich und das Thal von Landau zu retiriren, wohin ihm die österreichische Avantgarde folgte. Auf der Retirade wurden noch 200 Gefangene, und Beute verschiedener Art gemacht. Am 17ten November streiften die Kaiserlichen schon bis Zweybrücken, und auf der andern Seite bis nahe an die Queich vor Landau.

Vor Mannheim hatte Graf Wurmser am 15ten November nach gewonnener Schlacht an der Pfriem durch den F. M. Clairfait, die Trencheen eröffnen lassen, und die Stadt wurde so heftig beschossen, daß an verschiedenen Orten Feuer auskam. Dessen ohnerachtet, ob gleich hernach die Festung auch aus der Rheinschanze beschossen, und durch die Bürgerschaft heftig in den französischen Commandanten gedrungen ward, die Stadt zu übergeben, wehrten sich
die

die Franzosen doch hartnäckig. Anfangs hatte Wurmser die Stadt verschont, und nur die Außenwerke beschossen, in Hoffnung den Feind dadurch zur Uibergabe zu bewegen; da dieses aber nichts half, so wurde unter Direktion des geschickten Generals Lauer ein entsetzliches Feuer auf Mannheim gemacht, wodurch das Elend der Stadt groß wurde. Durch die ununterbrochene Kanonade seit 17. Nov. wurden dem Feinde 6 24pfünder demontirt, das in der Stadt liegende Pulver Magazin in die Luft gesprengt, und ein großer Theil der Stadt verheert oder beschädigt. Um die Bürgerschaft im Zaume zu halten, mußte die Besatzung Kanonen in den Straßen aufpflanzen. Man rechnet daß 22000 Kugeln und 1600 Bomben in die Stadt geflogen sind. Die Vorschläge des feindl. Commandanten Gen. Montaigu zur Kapitulation giengen allemal dahin, Mannheim vor neutral zu erklären, und da dieses vom Kaiserl. Feldmarschall nicht zugestanden werden konnte, wurde das Bombardement immer noch heftiger erneuert. Endlich ergab sich die Besatzung am 22ten November und nach der zu Stande gekommenen Kapitulation, wurde Mannheim, mit allem, was sich darin befand, den Kaiserlichen überliefert: die Garnison ward Kriegsgefangen. Sie betrug noch 9762 Mann und 169 Verwundete, worunter außer dem Kommandanten, noch drey Generale, 4 Obristen, 13 andere hohe und 389 andere Offiziers sich befanden. An Geschütz eroberte man

383 Stück, viele Munition, an 16000 Gewehre, 14 Fahnen, viele Säbel, Seitengewehr, und beträchtliche Magazine. Der Verlust des Feindes, in und vor Mannheim vom 10ten October an, wurde von ihm selbst auf 8000 Mann angegeben. Die Belagerung kostete den Kaiserlichen mehrere 100 Mann.

Nachdem Mannheim wieder in deutschen Händen war, wurden zur Sicherheit der Armeen Linien angelegt, wovon sich die erstere von Mundenheim über Oggersheim bis Oppau und Friesenheim erstreckte, und mit weniger Veränderung die nemliche blieb, welche vorher die Franzosen inne gehabt hatten, — die zweite aber von Mundenheim über Maudach bis an die Rehbach neu angelegt, und mit einem 30 Fuß breiten Graben versehen wurde. Die Rheinschanze setzte man wieder in gehörigen Vertheidigungsstand. Durch den Fall von Mannheim hatten freilich die Kaiserlichen Armeen freiere Hände, allein das schlimme Wetter und die späte Jahrszeit hinderte die Fortbringung des schweren Geschützes und schnelle Fortschritte. Der feindliche General Pichegru hatte seine ganze Macht hinter den Linien der Queich konzentrirt. Feldmarschall Clairfait machte den Plan, mit einem Corps unter Anführung der Generale Werneck und Nauendorf diese Linien zu tourniren und von der Anweiler Seite her angreifen zu lassen, indessen ein anderes Corps von Edinghofen her agiren sollte. Alleine ein aufgefangenes Schreiben ten des General Pichegru entdeckte, daß General Jourdan nach an sich gezogenen Verstärkungen mit Macht anrücke, um sich mit Pichegru zu vereinigen. Man mußte also vor allen Dingen die Absicht Jourdans zu vereiteln suchen, weswegen General Nauendorf eiligst nach Zweybrücken marschirte, um die Communikation der beiden französischen Generale zu hemmen. Der Kaiserl. General drang nach einem hitzigen Gefechte in Zweybrücken ein, und bemächtigte sich dieses wichtigen Vereinigungspunktes, indessen ein anderes Kaiserl. Corps unter General Ott ein vorgerücktes französisches Corps in Lingenfeld angriff, in die Flucht schlug, und in großer Unordnung in den Germersheimer Wald trieb. — Bisher und bis F. M. Wurmser, nach der Eroberung von Mannheim, seine Armee über den Rhein setzen lassen konnte, war das Hauptquartier des Grafen Clairfait noch immer in Frankenthal gewesen, der Kaiserliche Verlust in den vielen Gefechten hatte vom 10ten bis 21ten November an Todten, Verwundeten und Vermißten aus 2435 bestanden, der feindliche hingegen in wenigstens 10000 Mann, 30 Kanonen und 100 Munitionswagen. Die feindlichen Armeen waren durch Niederlagen, und den Mangel, welchen sie leiden mußten, mismuthig. Jourdan gab sich aber alle Mühe seine Armee wieder herzustellen, und den eingerissenen hohen Grad von Subordination zu tilgen, und es gelang ihm wirklich durch an sich gezogene Verstärkungen aus

Bel

Belgien und Holland wider ein Heer von 60000 Mann zusammen zu bringen, mit welchem er, wie schon vorgesagt worden, nach dem Hunds‡rücken zog, um sich die Communikation mit Pi‡chegru zu eröffnen. Ein Corps war schon in der Gegend von Kusel angekommen, der feind‡liche General Marceau stand in Kirchberg, ein anderes Corps in Simmern, ferner zu Monzei‡gen, Dhaun und Kirn ꝛc., wo' allenthalben starke Verschanzungen angelegt waren. Dem Corps, welches nach Kusel vorgerückt war, gieng am 25ten November Graf Nauendorf von Zwey‡brücken entgegen, und trieb es mit Verlust zu‡rück. General Marceau, welcher bis Lautereck gekommen war, wurde hier von General Kray herzhaft attaquirt, und verlohr des tapfersten Widerstands ohnerachtet, zwei ganze Bataillons, welche niedergehauen wurden; 159 Gemeine und 8 Offiziers wurden gefangen. Nun brach aber Jourdan mit seiner ganzen Macht an die Nahe auf, und griff die deutschen Vorposten in und bei Kreuznach an, welche der Uibermacht weichen mußten. Die Generale Rheingraf Salm und Riese eilten zwar herbei und nahmen die Stadt mit Sturm wieder ein, alleine die Uibermacht war zu groß, sie wurden zum zweitenmahle da‡raus geworfen, und verlohren gegen 150 Mann, — worauf sich denn die Feinde an der Nahe außerordentlich verstärkten. F. M. Clairfait beschloß, sie erst von der Alsenz und Glan, und durch eine fernere Vorrückung gegen Oberstein

und

und Kirn von der Nahe wieder zu vertreiben. Zu diesem Ende mußte sich ein Theil der Nauendorfischen Truppen von Kaiserslautern mit dem General Kray vereinigen, und am 8ten Dezember den feindlichen General Marceau bei Meisenheim angreifen, während dem, daß General Hobiß die französischen Posten in Alsenz, Obernheim und Letweiler attaquirte. Die Angriffe giengen nach Wunsch von statten, der Muth der Truppen überstieg alle Hindernisse des Terrains und der schlimmen Witterung, sie brachten die Franzosen allenthalben zum weichen, schlugen sie bis Kirn in die Flucht, machten 600 Gefangene, eroberten 5 Kanonen, 40 Munitionswagen, 1 Fahne ꝛc., und setzten sich an der Glahn vest. Da indessen Jourdan mit seiner ganzen Armee vor dem F. M. Clairfait *) stand, und fernere einzelne Angriffe noch immer die Kaiserl. Armee mehr geschwächt haben würden, so beschloß der deutsche Feldherr, den Feind einstweilen in Kreußnach zu lassen, seine Armee zu konzentriren, das Nauendorfische Corps von Kai-

---

*) Dieser berühmte Feldherr ist aus den östreichischen Niederlanden gebürtig, wo er beträchtliche Güter vor der französischen Invasion besaß, und etlich 50 Jahre alt. Er war ein großer Verehrer des F. M. Laudons, zeichnete sich im Türkenkriege rühmlichst aus, machte im gegenwärtigen Kriege die bewunderungswürdigen Retiraden, und setzte seinem Ruhme die Krone durch eine Reihe von Siegen im letzten Viertel des 1795 Jahrs auf.

Kaiserslautern (welchen Posten Wurmser zu besetzen übernommen hatte) an sich zu ziehen, und dann einen Hauptangriff wider die Jourdanische Armee zu unternehmen. Diese war immer noch, und letztlich durch das Corps der Generale Le Fevre und Hatri, welches auf dem rechten Ufer des Rheins bis an die Sieg vorgedrungen, hier aber vom Herzoge von Würtemberg aufgehalten worden war, und nun in größter Eile über den Rhein zurück gieng, verstärkt worden. Ihre Stellung war für die Kaiserlichen sehr nachtheilig, daher Clairfait nicht nur, um die Vereinigung der feindlichen Armeen zu verhindern, sondern auch Jourdan aus der genommenen Position zu verdrängen, den feindlichen rechten Flügel an der Glahn und Alsenz anzugreifen beschloß, gegen die übrigen Theile der Stellung aber nur Demonstrationen machen ließ. Man konnte dem Feinde nirgends, als auf dem rechten Flügel an, da Jourdan seitdem er an die Nahe vorgedrungen war, die Linie am Rhein über Stromberg, Kreutznach, Alsenz, Meisenheim ꝛc. besetzt hatte, und diese Orte der Defileen wegen unmöglich, ohne erstaunliche Aufopferungen angegriffen werden konnten, das Prinz Würtembergische Corps aber zu schwach war, um bei Coblenz über den Rhein zu gehen, und die Attaque zu formiren. F. M. Clairfait überließ den einsichtsvollen Generalen Graf Nauendorf und Baron Kray die Art und Weise des Angriffs ganz nach ihrem Gutdünken. Diese

ver-

vereinigten sich und rückten am 8ten Dezember gegen den feindlichen General Marceau an. Nauendorf bemächtigte sich der Höhen von Laustereck, drang bis Kreuznach vor, und detachirte gegen Baumholder, um den Feind zu ängstigen. Hierdurch wurde zugleich die Flanke des Generals Kray gedeckt, welcher nun den stark besetzten Posten Odenbach durch den Obristen Jellachich angreifen ließ, Meisenheim aber in zwei Kolonnen unter eigner Anführung und Kommando des Obristen Elsnitz attaquirte, und aller Hindernisse ohnerachtet emportirte. Mittlerweile wurde Alsenz durch den Obristen Bürger erobert, und General Graf Hodiz griff Odenheim und Leidweiler an, um so Meister des Einflusses der Alsenz zu werden, und die Verbindung mit Gen. Kray zu sichern. Der Feind wurde auf allen Punkten geworfen, und zog sich eiligst hinter die Nahe zurück. Er verlohr in diesen Attaquen 600 an Todten und Verwundeten, 800 wurden gefangen, 4 Kanonen, 1 Haubitze und 30 Munitionskarren, 1 Fahne 2c. erobert. Der Kaiserliche Verlust betrug nicht ganz 200 Mann. Zum glücklichen Ausschlage der Attaquen trugen die Obristen Knesevich und Tienkeresty, die Majors Kengyel und von Revay, und die Hauptleute Ulrich und Gomory wesentlich bei. Indessen hatte Pichegru den für beide Kaiserliche Armeen äußerst wichtigen Posten von Kayserslautern mehrmals bedroht und angegriffen, und die Generale Kray und Nauendorf konnten da-

F her

her nicht weiter auf ihrer Siegesbahn vordringen, bis man des glücklichen Ausgangs bei Kayserslautern versichert war. Doch schickte Nauendorf seine Detachements bis Birkenfeld vor, und Rittmeister Graf Dalmasi von Barko Hußaren nahm am 11ten Dezember bei Mosbach 1 Offizier und 21 Gemeine gefangen, eroberte auch 3 Munitionskarren. Den 12ten marschirte Nauendorf nach Ulmet, verstärkte die Posten in Birkenfeld und Oberstein, und sandte Detachements aus, um den Feind in der Flanke und im Rücken zu beunruhigen. Dieses hatte den gewünschten Erfolg, indem die feindliche Armee am 12ten Dezember sich von der Nahe gänzlich zurück und nach Mosbach, Gemmingen, Kirchberg, Simmern und Babarach zog. General Kray folgte gleich nach Kirchheim, sandte dem Feinde Detachements bis Sulzbach nach und faßte daselbst Posto. General Hodiz marschirte nach Eckweiler und setzte sich nahe am feindlichen Lager bei Klobstein. General Borros gieng mit der Avantgarde der Armee nach Hergenfeld und Schöneberg am Sohnwald, und Fürst Hohenlohe nahm wieder von Stromberg Besitz. Am 14 Dezember griff General Marceau die Kayserl. Vorposten des General Kray, aber ohne Erfolg an, vielmehr marschirte Nauendorf mit seinem ganzen Corps nach Birkenfeld, und poußirte seine Vorposten bis an Stumpfenthurm. Der wackere Graf Hodiz attaquirte den Feind in Klobstein, hieb viele nieder, machte

200

200 Gefangene, erobert 1 Kanone sammt 2 Munitionskarren, und vernagelte eine zweite, wobei Maj. Bukorny, und Rittm. Rehweg sich sehr auszeichneten. General Borros griff die sämmtlichen feindl. Vorposten bei Schöneberg an, machte 30 Gefangene, besetzte Schöneberg, und rückte bis an Türenbach vor. Um des Feindes Rückzug zu beschleunigen, beschloß General Nauendorf die Franzosen in ihrer berühmten Position vom Stumpfenthurm anzugreifen. Diese Unternehmung wurde am 15ten Dezember durch den geschickten General Baron Seckendorf und Obristlieut. Dasbre glücklich ausgeführt. Der Feind wurde aus Gundenthal, Mosbach und Reppert geworfen, der dreifache Abhang der Position erstürmt, und bis Lohnheim an der Trarbach gedrängt, 300 Mann getödtet und 150 gefangen; wobei sich Major Staesinsky, Graf Gabasiny, Graf Trautmannsdorf ꝛc. besonders hervorthaten. — Nach diesem Vortheil rückte Graf Nauendorf noch weiter nach Hermerskehl vor, und schickte die Vorposten bis Daumen und Trier, indessen er den Obristlieut. Dasbre zur Deckung seiner rechten Flanke nach Neumagen detachirte. Major Strachwiz von Pellegrini welcher mit 3 Kompagnien in Kempffeld lag, wurde unvermuthet vom Feinde überfallen, und mußte sich nach tapfern Widerstand gefangen geben. Dieser Umstand, die Uibermacht des Feindes auf dem rechten Nauendorfischen Flügel, die fortdauernde Gefahr für Kayserslautern, die

F 2   Besorg-

Besorgniß, es möchten die Franzosen dem Gen. Nauendorf in Rücken kommen, die unzureichende Anzahl Truppen eine so weitläuftige Diversion mit Nachdruck zu unterstützen, und da der Feind des Marsches nach Trier ohnerachtet, sich aus seiner Stellung von Trarbach und Babarach nicht hatte bringen lassen, bewogen den Grafen Nauendorf in seine vorige Stellung bei Birkenfeld zurück zu gehen. Theils dieses dem Feinde zu verhehlen, theils Gewißheit zu erhalten, ob die Gerüchte von der fernern Retirade des Feindes Grund hätten, wurde dem Fürsten von Hohenlohe und General Borros aufgetragen, die französischen Vorposten am 17ten Dezember anzugreifen, und so weit als möglich vorzubringen. Der Fürst rückte in 4 Kolonnen gegen Bacharach, Oberdiebach, Danweiler und Türenbach an, während dem General Borros die französische Vorposten vor Türenbach angreifen und werfen ließ. Aller Bemühungen ohnerachtet konnte jedoch die erste Kolonne nicht bis Babarach kommen: der Feind war zu stark und die Stellung zu fest; sie kam nur bis Dreieckenhausen, die übrigen 3 Kolonnen drangen aber an das festgesetzte Ziel, des hartnäckigsten Widerstands ohnerachtet, durch, und schlugen den Feind zurück. Er versuchte zwar die verlornen Posten wieder zu gewinnen, und erstieg wirklich die Kauntner Höhe, aber die Majors Grafen Kallenberg, und Meurzin, nebst dem Rittmeister Jakobi und Hauptmann Susizky eilten mit Mannschaft von

Wal-

Waldeck Dragoner, Ulrich Kinsky, und Kallen=
berg Infanterie herbei, verjagten ihn wieder,
hieben gegen 60 nieder, und machten 1 Offizier
mit 30 Mann gefangen. Man verfolgte den
Feind, machte noch 100 Gefangene und besetzte
Tarweiler und Sieffersbach. Nachdem nun
General Borros auch Türenbach erobert hatte,
so bewog dieser unvorhergesehene äußerst wichtige
Vortheil den feindlichen General en Chef sich
hinter die Nahe zurück zu ziehen. F. M. Clair=
fait verlegte das Hauptquartier nach Fürfeld,
und machte Anstalten zu einem allgemeinen An=
griff auf Jourdan. Dieser wartete aber solchen
nicht ob, sondern zog sich gegen Trarbach und
Trier zurück. Die Kayserlichen besetzten nun
Kreuznach, Kirn, und drangen nach Simmern,
und gegen die Mosel an. — Es ist nicht möglich
alle einzelne Vorfälle der letztern 2 Monathe des
1795 Feldzugs ausführlich anzuführen. Fast
jeder Tag war mit Gefechten und Lorbeeren der
Deutschen bezeichnet.

Pichegru, gegen welchen die Armee des F.
M. Wurmser stand, behauptete sich während der
bisher erzehlten Vorfälle in den festen Linien an
der Queich. Seine Armee wurde von allen
Seiten her verstärkt, und dieses setzte ihn in den
Stand 25000 Mann nach Zweybrücken zu deta=
chiren, welche die Kayserlichen durch Uiberle=
genheit wieder verdrängten, und sich da festsetz=
ten. Ein anderes Corps der feindlichen Armee
drang am 10ten Dez. bei Landau, bis Ebing=
hofen.

hofen, Weyher, Roht, Schweigenheim und Trippstadt vor, wurde aber vom tapfern General Hotze angegriffen, 400 Mann getödtet, 300 gefangen und wieder aus den Positionen vertrieben. Diese verschiedene Angriffe dauerten vom 9 — 13ten Dezember, und waren alle auf Kayserslautern angesehen. Es zeichneten sich dabei vorzüglich aus, die Generale Meszaros, Kerpen, Kovachevich und Devay; die Obersten Spiegelberg, Stipsich, Lattermann, Graf Giulay, Graf Klenau; Oberstlieutenant Barbacsy und Major Graf Zinsendorf. Kayserslautern auf dessen Behauptung soviel ankam, war mit einem ansehnlichen Corps der Wurmserischen Armee besetzt, und ein anderes stand bei Lingenfeld, das Hauptquartier des Grafen Wurmser war zu Neustadt. Die feindlichen Versuche gegen Kayserslautern wurden am 18ten Dezember wiederhohlt. Der Angriff geschah auf 3 Seiten auf der Straße von Homburg und Zweybrücken her, gegen Schopp und Trippstadt. General Meszaros verstärkte sogleich die Posten zu Schopp und Landstuhl; aber schnell warf sich der Feind auf Altstuhl, und bemächtigte sich der Martinshöhe, von welcher er Schopp bestreichen konnte, wodurch die Kayserl. Truppen bis Bredne zu retiriren gezwungen wurden. General Meszaros hielt sich hier gegen mehrere feindliche Angriffe, als aber Landstuhl ebenfalls überwältigt wurde, zog er sich bis Kinsbach zurück. Um den Feind aus den genannten Posten wieder zu vertreiben, ließ

ließ General Meszaros am 20ten Schopp über Trippstadt, Schmalenberg und Leyden in beiden Flanken, durchs Thal aber von vorne, und zu eben der Zeit Landstuhl über Rambsheim und Kinsbach angreifen, indessen ein starkes Detachement gegen die Glahn geschickt wurde, um die Aufmerksamkeit des Feindes irre zu führen. Als nun der Feind sich von allen Seiten bedroht sah, verließ er, ohne den Angriff abzuwarten, die Posten von selbst, und die Kaiserlichen besetzten ihre vorige Stellung. Der Verlust des Feindes in diesen Gefechten betrug gegen 300 Mann, die Kaiserlichen verlohren an Todten, Verwundeten und Gefangenen 130 Mann. General Devay, Oberst Spiegelberg, Oberst Giulay, Oberstlieutenant Stahl, Major Graf Kinsky, die Hauptleute Puttrany, Lommsky, Heß, Lang ꝛc. trugen wesentlich zum glücklichen Ausgange bei. Es fielen fast täglich Scharmützel vor, welche viele Leute kosteten, die Truppen abmatteten, aber in der Hauptsache nichts entschieden. Dieses unnütze Blutvergießen kam von den Deutschen und französischen Generalen, bei Gelegenheit mündlicher Verhandlungen zur Sprache, und hatte zur Folge, daß zwischen den beiderseitigen Armeen ein Waffenstillstand geschlossen wurde, vermöge dessen alle Feindseligkeiten bei der ohnehin schlechten Witterung und späten Jahreszeit eingestellt wurden, bei Wiedereröffnung des Feldzugs aber, dieser Vertrag 10 Tage

Tage vor Anfang der Feindseligkeiten aufgekündigt werden sollte. Das 1795te Jahr endigte sich also zwischen den beiderseitigen Armeen am Rhein friedlich, und man hoffte, daß Deutschland, und ganz Europa bald den erwünschten Frieden erhalten würde. — Jeder Theil suchte sich in seiner Stellung mehr und mehr zu befestigen, und durch Anlegung fester Werke zu sichern. Die Deutschen und Franzosen giengen in ruhige Winterquartiere, — welches das erstemal in dem leidigen französischen Revolutionskriege war *). F. M. Graf Clairfait verließ kurz hierauf die Armee und gieng nach Wien.

---

*) Die Stellung der Kaiserlichen und Reichs-Armee am Ober- und Niederrhein war folgende, während des Waffenstillstandes: Unter General Meszaros erstreckten sich die Vorposten am Oberrhein von Homburg nach Kayserslautern bis 2 Stunden vor Landstuhl, und von Vogelbach über Landsberg, Rischbach, Hochstät bis zum Speyer-Brunnen. Von da unter General Hotze zu Neustadt an der Speierbach aufwärts bis Erfenstein, von hier durchs Gebirg bis Edenkoben, von da unter General Otto zu Speier bis Lingenfeld und an den Rhein. Am Niederrhein stand Prinz Hohenlohe zu Stromberg, seine Vorposten fiengen vor Babarach an, und giengen über Simmern und Martinstein und lehnten sich an die Nahe. Von der Nahe an, stand das Corps des General Kray, welcher in Meisenheim stand, und sich längst dem Flusse bis

Waf-

In Italien hatten die Franzosen zu Ende des vorigen Feldzugs mit 1200 Mann noch eine Exkursion am 1ten Dezember gegen Cairo gemacht, und waren bis Carcaro und Mallare vorgerückt, als aber General Colli *) mit einem **Sardinischen Corps Truppen** herbei eilte, gien-

-Wasselstein erstreckte. Hier fieng das Corps des General Kospoth an, und dehnte sich über Buschweiler und Kilberberg bis nahe an Homburg aus. — Das Chursächsische Contingent unter dem rühmlichst bekannten G. L. von Linde marschirte um die Zeit der Übergabe Mannheims an die Franzosen, und der damaligen Mißhelligkeiten wegen Entwaffnung des Pfälzischen Militairs durch die Kaiserlichen, von der Reichs-Armee ab, und nach Hause, — an dessen Stelle jedoch frische Truppen zum nächsten Feldzuge vom Churfürsten beordert wurden.

*) Dieser General ist eigentlich K. K. Feldmarschall-Lieutenant, kommandirte aber das östreichische bei der Piemontesisch-Sardinischen Armée stehende Hülfskorps, und der König von Sardinien trug ihm den Oberbefehl auch über seine Truppen auf, so daß er die kombinirte Oestreichisch-Piemontesische Armee en Chef kommandirte. Diese betrug zusammen etwa 60000 Mann, die K. K. Armee in der Lombardey aber gegen 50000. F. Z. M. De Vins übernahm das Kommando derselben wieder. Die französische Armee kommandirte Anfangs General Kellermann, hernach aber Scherer. Des Königs von Neapel Majestät ließen noch mehrere Truppen in die Lombardei auf-

giengen sie zurück, und General Colli besetzte Bagnasco. Die gar zu üble Witterung, die Schwäche des Feindes, der Mangel, und Krankheiten nöthigten ihn, sich nun ruhig zu halten. Er gieng hauptsächlich auf der sogenannten Riviera auf Genuesischen Grund und Boden in die Winterquartiere. — Die Franzosen verwendeten alle ihre Sorgfalt auf Wiederherstellung und Vergrößerung ihrer Armeen. In Nizza allein kamen zu Anfang des 1795ten Jahrs ein und zwanzig Bataillons frische Truppen an, worauf man sogleich starke Cordons Alliirter Seits zusammen zog, und die am meisten bedrohten Posten besetzte, weil die Erfahrung gelehrt hatte, daß sich der Franzos in diesem Kriege weder durch Witterung, noch sonstige Hindernisse in seinen Unternehmungen hatte abschrecken lassen. Man postirte daher bei Ceva 12000 Mann, gegen Mondovi 8000, und nach Cartemiglia wurden ebenfalls 1200 Croaten außer Piemontesern beordert. Der Feind brach wirklich von Ventimiglia auf und setzte sich nach dem St. Bernhard in Marsch. Eine Abtheilung setzte sich bei Garesio und sprengte die dasigen Festungswerke in die Luft. Alle Anstalten verkündigten eine baldige Eröffnung

des

---

aufbrechen, 80 Kanonier und Bombardier Schiffe zu Deckung der Küste ausrüsten, und ihre Flotten gemeinschaftlich mit der Englischen, wie im vorigen Jahre agiren.

des Feldzugs. Der Herzog von Aosta gieng kurz vor Ostern zur Armee nach Susa, die östreichische Armee in der Lombardie setzte sich in Bereitschaft und nahm eine vortheilhafte Stellung, so daß das Zentrum sich in den Ebenen ausbreitete, der rechte Flügel an den Fluß Scipia, und der linke an die Vestung Tortona sich lehnte, und die Sardinischen Truppen sammelten sich zahlreich bei Ceva, um die Franzosen durch eine Diversion in die Enge zu treiben. Da diese durch den Paß von Bochetta eindringen wollten, so wurden einige 1000 Deutsche zu Beschützung dieses wichtigen Postens beordert.

Die Feindseeligkeiten fiengen, wie gewöhnlich, wieder durch mehrere hitzige, aber nichts entscheidende Scharmützel an. Die K.K. Truppen waren, wie die Piemontesischen aus den Winterquartieren aufgebrochen, F. Z. M. Devins verlegte das Hauptquartier von Alexandria nach Acqui, und man beschloß den Krieg offensive zu führen. In den ersten Tagen des Aprils hatten die Sardinischen Truppen eine hitzige Aktion mit dem Feinde bei Mondovi, in welcher von letzterem 120 auf dem Platze blieben. Eben so glücklich waren sie zu Ende Aprils bei Garso; 1000 Franzosen wurden von 400 Piemontesern angegriffen, geschlagen, über 100 Mann getödtet und gefangen, und der größte Theil der Bagage des Corps erobert. Am 5ten May verdrängte der Feind die Piemonteser aus dem Posten von Rotta, diese erhielten aber Verstärkung, tung, schlugen ihn zurück, und trieben ihn bis Spinarda. Er wiederholte den Versuch am 7ten May, aber eben so fruchtlos. Unglücklicher war der 12te May: unter Begünstigung eines schrecklichen Gewitters griffen die Franzosen mit großer Uibermacht den Piemontesischen Posten auf Colle de Monte an, überwältigten ihn, und machten etliche hundert Mann zu Gefangenen. Die übrigen Posten eilten jedoch sogleich mit Verstärkung herbei, und hielten den Feind vom weitern Vorbringen ab. Zur Besetzung der wichtigen Posten in den Thälern von Bormida, Orba und Strivia bis Saravalle wurden noch mehrere Truppen abgeschickt, zumal da sich die Franzosen in den Posten von Tenda sehr verstärkten. Am 16ten May versuchten die Piemonteser die Franzosen bei Tenda zu überfallen, fanden sie aber so verschanzt und bereit, daß sie nach einigen Kanonenschüßen umkehrten. Hingegen gelang es den Franzosen ebenfalls nicht im Thale von Limone vorzubringen, und kostete ihnen der am 21ten May gewagte Versuch 300 an Todten, Verwundeten und Gefangenen.

Nunmehro, und nachdem die äußerst verdorbenen Wege wieder etwas hergestellt waren, rückte die östreichische Armee unter F. Z. M. Baron Devins auf dem Genuesischen Küstenlande gegen die Franzosen an. Am 22ten Juny kamen die Vorposten nach Ladibona und Monte Fredo, wobei einige Gefangene gemacht wur-

wurden, und am 23ten rückte F. Z. M. Graf Wallis mit dem linken Flügel bis auf die Anhöhe Degli Angeli bei Savona. Bei dieser Gelegenheit griff General Pittoni 500 in den dortigen Gärten verschanzte Feinde an, und vertrieb sie. Diese retteten sich theils in den bedeckten Weg, theils aufs Glacis der Genuesischen Festung Savona, wo ihnen noch der einzige Weg zur See nach Vado offen blieb, wohin sie sich auch einschiffen ließen. Auf den 24ten Juni beschloß der kommandirende Kaiserl. General einen Angriff auf das feindliche Lager bei Vado. Gen. Major Rukawina und Liptay griffen die feindlichen Verschanzungen zu Madona del Monte an, F. Z. M. Wallis aber und unter ihm General Pittoni, Oberst Simbschön und Oberstlieutenant Zerini rückte, des heftigsten feindlichen Feuers ohnerachtet, längst dem Strande über Borgo di Leggina und Borgo di Zinora bis zu der Brücke des Torrente di Guigliano vor. Allenthalben fand man den lebhaftesten Widerstand, dessen ohnerachtet aber waren die Franzosen bis Abends sowohl aus den Verschanzungen bei Madona del Monte, als auch aus den vor Vado gelegenen Bergen Brici di Casalu, Forte di St. Lorenzo und Forte di St. Giacomo, blos mit dem kleinen Gewehre vertrieben. Bei dem Uibergange über die Brücken war das Gefecht am heftigsten, und nur die Nacht machte solchem ein Ende; die Kaiserlichen behaupteten sich aber in den errungenen Stellungen

gen vollkommen. Der ganze Verlust bestand in kaum 300 Mann, dahingegen der französische General La Harpe, welcher die Posten kommandirt hatte, ihn auf 1000 Mann, den seinigen hingegen natürlich für sehr gering angegeben hatte. Da Vado nicht angegriffen werden konnte, ohne vorher den verschanzten Posten St. Giacomo della Malere, und den Berg Sette Pani eingenommen zu haben, so gab F. Z. M. Devins dem Gen. Major Cantu, und unter diesem dem Oberstlieutenant Marquette Befehl den ersten genannten Posten, dem General Major Argenteau aber den zweiten anzugreifen. Gen. Maj. Cantu marschirte am 25ten Juni vor Tages Anbruch aus dem Lager von Monte Frebo in die Gegend von St. Giacomo. Um den Feind zu beschäftigen, mußte ein kleines Detachement gegen einen Theil des französischen Lagers bei Col de Pin marschiren, eine andere Colonne einen Blendangriff über Mallere formiren, während dem das Hauptkorps in 2 Colonnen gegen die Schanzen die Attaquen machte. Mit unglaublichen Muth erkletterten die Kaiserlichen den steilen Berg und zwangen den Feind bald die 2 ersten Schanzen zu verlassen, aber er bekam Verstärkung und hielt sich hartnäckig in den übrigen größern Schanzen, bis ein anderes Kaiserl. Corps diese in die Flanke nahm. Nun flohen die Franzosen, der wichtige Posten St. Giacomo fiel in die Hände der Kaiserlichen, welche im Verfolgen auch die übrigen

jen-

jenseits des Thales gestandenen 4 Lager und 17 Verschanzungen einnahmen, eine Menge Reis, Wein, Brandtwein, und Patronen ꝛc. erbeuteten. In allem kostete dieser Angriff etwa 200 Mann.

Die Eroberung des Postens Sette Pani führte General Argenteau folgendermaaßen aus: er theilte sein Corps in 3 Kolonnen; die linke Colonne unter Führung des Majors Grafen Straßoldo mußte die Flesche auf dem rechten feindlichen Flügel angreiffen, und nahm ihren Weg auf einem gegen Ronchi di Maglia sich herabziehenden Bergrücken; die mittlere, kommandirt von dem Obersten von Humburg und Major Graf Kuhn, gieng durchs Dorf Ossiglia und attaquirte die im Mittelpunkte befindliche Flesche; die rechte Colonne endlich unter eignem Commando des Generals Argenteau marschirte über den Berg Lupra, und längst der Crette gegen den linken feindlichen Flügel, der mit 2 Fleschen und einem Retrenchement verschanzt war. Zur Unterstützung war Gen. Maj. Ternien noch mit einem Bataillons kommandirt. Der Angriff aller Colonnen fieng am 25ten Juni mit Tags Anbruch an, und in einer Stunde war der Feind aus seinen Verschanzungen bis an ein in seinem Rücken befindliches, auf einer vortheilhaften Anhöhe gelegenes Retrenchement, geworfen. Aus diesem mußte er mit stürmender Hand vertrieben werden, und man verfolgte ihn bis an seine Verschanzungen von

Melogno. Diese waren mit zahlreichen Truppen besetzt, konnten aus dem Lager von Madona delle Neve geschützt werden, und die Kaiserlichen Truppen waren sehr abgemattet. Alle diese Umstände bewogen den Kaiserl. General, sich einstweilen mit den erhaltenen Vortheilen zu begnügen, die errungene Stellung aber zu befestigen und zu vertheidigen. Indessen fiel noch den nemlichen Tag ein starker Nebel, unter dessen Begünstigung die Feinde allenthalben Truppen zusammen raften und die verlorne Stellung wieder zu erringen suchten. Der Angriff war hitzig und wüthend, und konnte erst nach 4 Stunden gänzlich abgetrieben werden. Der Nebel dauerte noch bis 27ten Juni, unter dessen Schutze der Feind abermals in 3 Kolonnen mit dem Kern seiner Truppen den Angriff wiederhohlte, aber nichts ausrichtete, vielmehr viele Leute verlohr. Man rechnet den erlittenen Verlust in ersterwehnten 3 Angriffen auf Sette Pani über 2000 Mann, gefangen wurden 120 Mann nebst einigen Offiziers. Den Kaiserlichen kostete dieser Tag nicht weniger als 600 Mann. In den Gefechten vom 23. 24. 25. 27. Juni wurde General Rukavina, Oberstlieutenant Rosenau, Oberstlieut. Abfaldern, Graf Herberstein ꝛc. verwundet. Diese Offiziers zeichneten sich in jenen Gefechten auch vorzüglich mit aus; nächst diesen und den oben schon genannten aber: Major Brea, Obristlieut. Genedegg, Maj. Andreovich, Obristlieut. Brentano, und viele

Sub-

Subaltern Offiziers. — Am 27ten Juni überfiel der Piemontesische Obristlieut. Colli auch den Posten Spinarba, und eroberte das dortige feindliche Lager. Vom 28 — 29ten Juni verließ die französische Armee ihre ganze Position, überließ den Kaiserlichen die feste Stellung bei Madona della Neve, räumte Vado und retirirte über Finale, worauf F. Z. M. De Vins mit seiner Armee nachrückte, seinen linken Flügel ans Meer, den rechten aber auf Torre di Mologna anlehnte. In Vado ließ der Feind 24 Kanonen, 3 Mörser, viel Pulver, Kugeln, Grenaden ꝛc. zurück. — Durch die Vorrückung der K. K. Truppen im Genuesischen Küstenlande wurde die Communikation mit der Armee des Generals Colli eröffnet, welcher letzte Feldherr den 6ten Juli die Franzosen mit beträchtlichem Verluste nöthigte die 2 wichtigen Posten di St. Bernardo, und del Pin de Termini zu verlassen. Hingegen mißlang der am 27ten Juni vom General Colli auf Colle di Tenda unternommene Angriff; vielmehr mußte man mit Verlust von beinahe 100 Mann abziehen. Auch der Angriff auf die französischen Verschanzungen zwischen Ormea und Garesio am 11ten Juli hatte den versprochenen Erfolg nicht, und mußte nach 4 stündigen Kampfe aufgegeben werden. Im Thal rückte indessen das Piemontesische Hauptcorps vor, und stand am 12ten Juli zu Vinai; General Montofia zu Bagnasco, Fürst Carignan zu Pomporato und

General Colli zu Ceva. Die französische Armee im Genuesischen Küstenlande zog sich allmählig bis gegen Albenga zurück, wo das Hauptquartier des General Kellermann war.

Nach dem bisherigen Waffenglück der K. K. Truppen in Italien war im Monat Juli die Stellung der deutschen Armee zu Pietra 4 Meilen jenseits Finale, das Hauptquartier zu Borgo di Savona. Die Franzosen standen 9 Meilen hinter Finale und dehnten sich von Borghetto bis an die hohen Gebirge von Piemont aus. Loano, welches zwischen beiden Armeen lag, war von keinem Theile besetzt. Bis ins Spatjahr fielen nun zwar keine entscheidende Schlachten aber desto mehr blutige Scharmützel vor. Am 25ten Juli kam es bei Loano zu einem heftigen Vorpostengefechte; wobei 8 Franzosen blieben und 22 verwundet wurden. — Am 17ten August griffen die Karlstädter Grenztruppen die feindliche Vorposten Kette zwischen Tuirano und Borghetto an, und drückten solche bis in die Mitte des Gebirgs zurück, wobei 70 Mann, sammt 1 Offizier feindlicher Seits blieben und 7 Gefangene gemacht wurden. Die Kaiserlichen hatten 1 Offizier 3 Gemeine tod, 20 wurden verwundet. — Etliche 100 Franzosen, welche am 21ten August im Thal di Rema auf den Berg le Glacier de Crosa vorgerückt waren, wurden durch die Truppen unter Befehlen des Herzogs von Montferrat gänzlich geschlagen, ein Theil getödtet, und 25 Gefangene gemacht. — Bei der Armee des Herzogs von Aosta zu Susa wurde am 26ten August auf dem Berge della Pellosa eine feindliche Patouille von 20 Mann aufgehoben, und hierauf der Entschluß gefaßt, die Feinde aus den Posten Clavieres, Coche und Rocher di Clari zu vertreiben. Das Unternehmen hatte am 30ten August statt, man tödtete eine Anzahl, machte viele Gefangene und trieb die Feinde so eilig in die Flucht, daß sie Mund- und Kriegsvorräthe im Stiche ließen. Ein Nebel aber begünstigte hierauf ihre Flucht, und brachte selbst die Piemontesischen Truppen in Verwirrung, so, daß die Franzosen sich sammelten und jenen auf dem Rückzuge einen Verlust von 100 Mann zufügten. Ein ähnlicher Versuch auf Colle delle Finestre hatte auch den erwünschten Erfolg nicht. — Noch unglücklicher fiel der Angriff auf Colle di Cerise aus, der am 1ten September durch 1500 Piemonteser unternommen wurde. Anfangs nahmen letztere zwar den Posten ein, als sie aber gegen St. Martino di Lantosca vordrangen, wurden sie von allen Seiten mit solcher Gewalt angefallen, daß ein großer Theil getödtet, zerstreut und 400 gefangen wurden.

Bei der Hauptarmee des General Devins fieng es nunmehro an ernsthafter zuzugehen. Am 19ten September mußte General Argenteau zur Versicherung der Gegend von Sambucco einen in der Nähe des Feindes gelegenen Berg angreifen und besetzen, welches auch glücklich von statten gieng. Zwei Tage darauf fiel eine lebhafte Kanonade vor, welche sich mit einem Angriff auf die Franzosen endigte, welchen diese aber tapfer aushielten, und dann selbst attaquirten. Sie wurden indessen zurückgewiesen und die Kaiserlichen behaupteten ihren Posten. Man rechnete den Verlust der Deutschen an Todten, Verwundeten und Gefangenen auf 500 Mann, worunter mehrere Offiziers, jenen der Franzosen aber über 800. Eine Attaque des Feindes am 24ten September auf Groß Castellaro wurde ebenfalls glücklich mit ziemlichen Verluste abgetrieben.

Nunmehro schienen die Franzosen ihr Hauptaugenmerk auf Loano gerichtet zu haben, wo sie sich sehr verstärkten. Sie errichteten auf dem Berge Sant. Spirito Batterien und beschossen Loano am 24ten September so lebhaft, daß die Kaiserlichen und Einwohner den ganz ruinirten Ort verlassen mußten. Hierauf ließ F. Z. M. De Vins das Gepäcke der Armee bis nach Pietra zurückgehen, und die Magazine von Vado größtentheils nach Savona bringen. Bei dieser Gelegenheit fiel bei St. Giacomo ein Treffen vor, worinnen die Kaiserlichen zwar den Platz behaupteten, sich aber der Sicherheit halber und weil bei der schon rauhen Witterung in jenen Gegenden man den Truppen bei Vado mehr Bequemlichkeit verschaffen wollte, dennoch etwas zurückzogen. Man glaubte nun es würde einige

Zeit

Zeit Ruhe bleiben, aber plötzlich gab der Kaiserl. kommandirende General Befehl am 26ten September von Pietra wieder vorzurücken, und ein Corps von 6000 Mann sollte unvermuthet die stark verschanzte Anhöhe Sambucco angreifen. Dieses Unternehmen war sehr beschwerlich, und ohne den ausnehmenden Muth der Truppen und die Geistesgegenwart des General Argenteau hätte es übel ausschlagen können. Nicht blos ein entsetzliches Kanonen, Kartätschen und Musketen-Feuer empfieng die Deutschen bei Annäherung gegen die Anhöhe, sondern auch ganze Steinmassen wurden auf sie herabgeschleudert. Nach unglaublichem Widerstande erstiegen aber endlich die Oestreicher die Schanzen, und durch verschiedene wiederhohlte Angriffe wurden sie auch Meister der Anhöhen. Die Franzosen verloren an 600 Mann, und der Verlust der Kaiserlichen konnte bei dem Widerstande nicht geringer gewesen seyn. Hierauf griff der Feind am 28ten September die Oestreicher bei Termini an, konnte aber in einem äußerst hitzigen 3stündigen Gefechte nichts ausrichten. — Am 30ten Sept. wurde in 3 Kolonnen auf sämmtliche Vorposten der Alliirten eine allgemeine Attacke formirt, aber auch diese glücklich abgetrieben, und dem Feinde nebst einem Verlust von 200 Todten und Verwundeten und 100 Gefangenen, 4 Kanonen abgenommen. Kaum war dieser Angriff geendigt, so entstand ein neues sehr mörderisches Gefecht bei Spinardo: die Franzosen griffen

den

den Berg mit stürmender Hand an, die Alliirten vertheidigten sich aber in ihren Verschanzungen so gut, daß mehr als 200 Feinde blos auf dem Platze blieben. Allenthalben behaupteten sich die Alliirten (wobei sich die Königl. Neapolitanischen Truppen besonders auszeichneten) in den eingenommenen Positionen weit über Pietra hinaus, wo das Hauptquartier war.

Schon glaubte man die Campagne geendigt, schon waren die Gebirge Italiens mit Schnee überdeckt, und die Oestreicher im Begriff die Winterquartiere zu beziehen, als die französische, ganz in Zerrüttung gekommene und Mangel leidende Armee, nach geschlossenen Frieden mit Spanien, durch den größten Theil der bisher gegen die Spanier gestandenen Truppen verstärkt wurde, und nun von allen Seiten einen allgemeinen Angriff gegen die Alliirten in Italien beschloß. Dieser hatte am 23ten November wirklich statt. An diesem Tage wüthete ein starker Sturmwind, der alle Zelten der Oestreicher umwarf, ein sehr dicker Nebel verbarg die Ankunft des Feindes, und der kommandirende F. Z. M. De Vins war unpäßlich. Diese Umstände, und man sagte auch Verrätherei trugen wesentlich dazu bei, daß dieser Tag unglücklich für die Alliirten ausfiel, alles wieder verlohren gieng, was man in diesem Feldzuge erobert hatte, und die zu Anfang der Campagne inne gehabte Stellung wieder genommen werden mußte. Das Corps des General

neral Argenteau wurde am 23ten November mit
Tages Anbruch attaquirt, und war genöthigt
sich nach Resain zurück ziehen. Die Feinde bemächtigten sich des Felsens St. Pietro del Monte,
welcher den rechten Oestreicher Flügel dominirte,
und kamen dadurch den Alliirten in Rücken,
indem zugleich der linke Flügel durch 8 Tarta-
nen von der Seeseite her heftig beschossen, und
zu Lande ebenfalls angegriffen wurde. 5 Angriffe
wurden zurückgeschlagen, aber beim 6ten endlich
gegen Abend mußten die Alliirten weichen, und
retirirten von Loano über Capra Zoppa und Pan-
taleona. In dieser Stellung wurden sie am 24
November abermals angefallen, worauf der
Rückzug in der folgenden Nacht in die zweite
Position bei Vado, und am 25ten nach Ma-
donna del Monte genommen ward. Endlich zogen die Oestreicher über Savona ganz aus dem
Genuesischen Gebiete heraus, eine Kolonne gieng
über Altare und Mallere nach Dego, die zweite
nach Acqui. Die Truppen wurden von Dego
bis Alessandria und Tortona in die Kantonirun-
gen verlegt. Bei diesen Vorfällen giengen über
die steilen Berge 48 Stücke Geschütz verloren,
die Oestreicher hatten 756 Todte, 677 Verwundete und 2750 wurden gefangen. Darunter
blieben 7 Offiziers tod, 28 wurden verwundet,
und 67 gefangen. Unter letztern befand sich
General Terngey, Oberst Baron Brabeck, und
Vukaßovich, Major Kuhn ꝛc. F. Z. M. Graf
Wallis übernahm an De Vins Stelle, welcher

nach

nach Wien gieng, das Kommando der Oestreichisch-Neapolitánischen Armee. — Am nemlichen 23ten November, an welchem die Oestreichische Armee angegriffen worden war, wurde auch General Colli bei Garesio von allen Seiten attaquirt, behauptete sich aber mit seinen tapfern Sardinier-Oestreichern vollkommen. Besonders wurde der Posten St. Bernhard über Garesio mit einer Art von Wuth angefallen, und 5mal bestürmt, immer aber abgetrieben, bis es den Franzosen doch glückte ihn zu erobern. Allein sie blieben nicht lange darin; der tapfere Obristlieut. Colli griff mit seinem Jägerbataillon den Feind wieder an, verjagte ihn und machte außer vielen Getödteten, 16 Offiziers und 150 Gemeine gefangen. Indessen da die Oestreichische Armee zurück zu weichen genöthigt worden war, mußte sich die Piemontesische Armee auch immer mehr der erstern, um in Verbindung zu bleiben, nähern. Am 27ten November wurde General Colli bei Garesio abermals von einer sehr überlegenen feindlichen Macht angegriffen, und nach tapfern Widerstand genöthigt, sowohl Garesio als den Posten St. Bernard zu verlassen. Den 28. Nov. retirirte Gen. Colli über Bagnasco nach Ceva und Mondovi, wohin der Feind nachfolgte, und sogar durch den General Serviere die Festung Ceva auffordern ließ. Die muthvolle Antwort des Commandanten und da in der späten Jahrszeit keine Belagerung unternommen werden konnte, zwang die Franzosen wieder bis ins Genuenuesische Küstenland zurück zu gehen, bei welcher Gelegenheit sie von den Piemontesern verfolgt wurden, und in den Defileen manchen Mann verlohren. Bagnasko, Mursetto und die Posten, welche den Eingang der Provinz Mondovi öffnen, wurde nun wieder von den Sardinien *) besetzt. Am 13ten Dez. machte ein feindliches Corps einen neuen Angriff auf Bagnasco und Piovetto, richtete aber nichts aus. — Die wenigen noch übrigen Tage des 1795 Jahres verflossen nun ziemlich ruhig. Die Piemonteser behaupteten sich in ihrer Stellung, und die Kaiserlichen standen bei Acqui und im Montferratischen. Ein Corps stand bei Ceva, um die feindlichen Bewegungen zu beobachten, und bei dem weitern Rückzuge der Franzosen bezog man die Winterquartiere ganz, das Hauptquartier kam nach Bodigiano bei Pavia. Der tiefe Schnee in den Apeninen hatte einen gezwungenen Waffenstillstand hervorgebracht, — der aber nicht, wie in Deutschland, in einer gegenseitigen Uibereinkunft gegründet war.

Was den Krieg zwischen Spanien und Frankreich betrifft, so ergaben sich, bis zu erfolgten Friedensschluße, noch verschiedene merkwürdige Gefechte. Nach den unglücklichen Vor-

fäl-

---

*) Auf der Insel Sardinien waren in diesem Jahr weit ansehende Unruhen ausgebrochen.

fielen zu Ende des vorigen Feldzugs *), wurde alles, was nur möglich an Mannschaft aufzubringen war, in Spanien aufgebothen, dahingegen die französischen Armeen durch beständige Strapatzen und Mangel ziemlich geschwächt waren. Bei eingetretener günstiger Frühlings=Witterung fielen gleich wieder verschiedene Gefechte vor, von denen jenes vom 28ten Merz das erste von Merkwürdigkeit war. Die Affaire ereignete sich beim Fluß Baskara. Die Spanischen Vorposten wurden nemlich von den Franzosen überfallen, welche hierauf bis an das Hauptkorps unter dem Herzog von Infantado retirirten, von diesem aber so tapfer empfangen wurden, daß sie in größter Eile über den Fluß zurückgehen mußten, viele ertranken, 750 getödtet und mehrere zu Gefangenen gemacht wurden. Dieser Sieg hatte zur Folge, daß die Franzosen Rosas und Figueras räumten, und die Spanier wieder besetzten. — Eine andere eben so glückliche Schlacht für die Spanier fiel am 14ten Juni am Flusse Pluvia vor. Die Armee des Don Urrutia in Katalonien wurde von den Franzosen angegriffen, diese aber, nachdem das Gefecht den ganzen Tag hindurch mit abwechselndem Glücke ge=

---

*) Man kann behaupten, daß der Krieg in Spanien im 1794 Feldzug am verheerendsten auf dem weiten Kriegstheater geführt worden war. Krankheiten ꝛc. ungerechnet, fielen in den Provinzen Roußillon, Katalonien, Navarra und Biscaja bloß große Schlachten und Gefechte über 20 vor.

gebauert hatte, trieb den Feind allenthalben in die Flucht, und eroberte 4 Kanonen, 2 Munitionskarren und verschiedene Lagerſachen. Nicht ſo glücklich gieng es in Navarra und Biscaya. Am 27. Juni wurde die ganze Spaniſche Stellung in Biscaya angegriffen, nach dem tapferſten Widerſtande die Verſchanzungen erſtürmt und die Spaniſche Armee gänzlich in Unordnung gebracht. Ihr Verluſt betrug mehrere tauſend. Die Franzoſen drangen nun weiter vor, und bemächtigten ſich Motriko, Helgoybar, Serzuela und Vergara, bis gegen Pampluna. Eben ſo drang der Feind in Navarra vor, und bemächtigte ſich der Anhöhen von Valata, und in der Folge wurde General de Sangro genöthigt, auch den wichtigen Poſten von Lecumberi zu verlaſſen. Die Stände von Navarra verſammelten ſich in dieſer bedrängten Lage, bewaffneten die Bauern, und ſtellten ſie dem Feinde entgegen. Es kam am 6 — 7 Juli zu einem blutigen Treffen, worinnen aber die Spanier mit nahmhaften Verluſt wieder den kürzern zogen, und die Franzoſen ſich in ihrer Stellung behaupteten. Man glaubte nun der Feind würde ſich mit Macht gegen Pampluna wenden, daher Gen. de Sangro den Gen. Creſpo zu Hülfe rufte. Dieſer zog alle Truppen in der Gegend von Vittoria zuſammen und brach am 10ten Juli dahin auf, als er aber nicht weit mehr von Pampluna war, erhielt er Befehl eiligſt nach Vittoria zurück zu kehren, da der Feind dorthin im Anzuge ſey. General Creſpo kehrte zwar alsogleich zurück, es war aber schon zu spät, und er war genöthigt sich nach Miranda d'Ebro, dem äußersten Orte von Biscaya gegen Castilien, zu retiriren. Die Franzosen nahmen am 14ten Juli Vittoria ein, wo sie einige Spanische Regimenter zu Gefangenen machten, und wendeten sich nun gegen Bilbao, welches sie ebenfalls besetzten. — In Katalonien *) allein gieng es im 1795 Feldzuge glücklicher für die Spanier. Nach den oben erzehlten ersten Gefechten im Merz und Juni, zog Gen. Graf Urrutia und della Cuesta ein auserlesenes Corps Truppen zusammen, und griff am 25ten Juli das französische Lager bei Puicarba an, überwältigte es nach tapfern Widerstande, machte 1000 Gefangene und eroberte das Lager. Die Franzosen warfen sich in Puicerda, welches die Spanier mit Sturm einnahmen. Am 26ten Juli rückten letztere vor Belver einen befestigten Posten in Cerdagna, welchen sie ebenfalls emportirten, und die 1000 Mann starke Besatzung

---

*) Die 6 Regimenter Portugiesische Hülfstruppen, welche bei der Armee in Catalonien standen, hatten an den dortigen Vorfällen auch in diesem Feldzuge wesentlichen Antheil, und kehrten, nachdem der König in Spanien mit Frankreich Friede geschlossen hatte, am 29ten October auf Transportschiffen von Barcellona nach Hauße zurück. 5 Portugiesische Linienschiffe nebst einigen Fregatten agirten gemeinschaftlich mit der Englischen Flotte.

tung zu Gefangenen machten, auch 18 Kanonen eroberten. Auf diese Art kamen die Spanier wieder in Besitz ihres Antheils der Provinz Cerdagna; sie begnügten sich aber nicht dabei, sondern rückten auch in den französischen Antheil ein. Am 27ten Juli wurde der Posten Livia angegriffen, erobert und 600 Gefangene gemacht, sie besetzten Palau, Gallagosa und andere Orte, und erschienen am 28ten Juli vor Mont Louis, der Hauptstadt des französischen Antheils an Cerdagna, welches sie aufforderten. Indem nun in den folgenden Tagen alle Anstalten zu einem förmlichen Angriffe auf Mont Louis gemacht wurden, kam die Nachricht von dem am 22ten Juli zwischen Spanien und Frankreich geschlossenen Frieden an, welcher vorzüglich durch den Spanischen ersten Minister Herzog von Alcudia, jetzt Principe della Pace (Friedensfürst) zu Stande gekommen war. Das Friedensinstrument lautet folgendermassen:

1) Friede, Freundschaft und gutes Vernehmen sey zwischen der Französischen Republik und dem Könige von Spanien. 2) Folglich sollen alle Feindseligkeiten zwischen beiden contrahirenden Mächten von der Auswechslung dieses Traktats an aufhören; von diesem Zeitpunkt an, kann kein Theil gegen den andern auf irgend eine Art oder unter einem Namen Succurs oder Contingent an Mannschaft, Pferden, Lebensmitteln, Geld, Kriegsmunition, Schiffen u. d. g. liefern. Keine der beiden Mächte gestattet durch ihr Gebiet einer oder der andern feindlichen Macht den Durchmarsch. 4) Die Französische Republik giebt

dem

dem Könige von Spanien alle Eroberungen in Spanien, welche im gegenwärtigen Kriege gemacht worden, zurück. Vierzehn Tage nach Auswechslung der Ratificationen sollen alle eroberten Plätze und Länder von den Französischen Truppen geräumt werden. 5) Die festen Plätze werden mit den Kanonen, Kriegsmunition und Effekten, die diese Plätze gebrauchen, und in dem Augenblik der Unterzeichnung enthalten, zurückgegeben. 6) Vierzehn Tage nach Unterschrift dieses Tractates hören alle Contributionen, Lieferungen, Kriegsprästationen auf. Alle zu dieser Zeit noch schuldigen Rückstände, Scheine und Versprechungen sind ungiltig: was nach dieser Epoche genommen oder empfangen wird, soll in Geld bezahlt oder unentgeldlich zurück gegeben werden. 7) Beide Theile werden ungesäumt Commissarien ernennen, welche einen Vertrag über die Gränzen beider Mächte errichten sollen. Zur Grundlage dieses Vertrages wird in Rücksicht auf das schon vor dem Krieg bestrittene Gebiet die Gebirgkette genommen werden, welche die Scheidewand der Französischen und Spanischen Gewässer macht. 8) Ein Monat nach Auswechslung dieses Traktates darf keine der contrahirenden Mächte an diesen Gränzen mehr Truppen halten, als vor diesem Krieg gewöhnlich war. 9) Gegen die im 4ten Artikel versicherte Rückgabe, tritt der König von Spanien für sich und seine Nachfolger den ganzen Spanischen Theil der Insel Domingo *) in den Antillen an die Französische Republik gänzlich ab. Ein Monat nach Kundwerbung dieses Traktats auf jener Insel hal-

---

*) Diese Abtretung behauptet der Londner Hof sey dem Utrechter Tractate zuwider.

halten die Spanischen Truppen sich fertig, die besetzten Plätze, Häfen und Etablissements zu räumen, und den französischen Truppen, welche sich zur Uebereinnahme einstellen werden, zu übergeben. Diese benannten Plätze ꝛc. werden der französischen Republik mit den zu ihrer Vertheidigung nöthigen Kanonen, Kriegsmunition und Effekten übergeben, welche sich in dem Augenblick dort vorfinden, da dieser Traktat auf Domingo bekannt wird. Die Einwohner des Spanischen Antheils von Domingo, welche lieber mit ihrem Vermögen in die Besitzungen Sr. Kathol. Majestät ziehen wollen, können dieses binnen Jahresfrist thun. Die Generale und Commandanten beider Nationen werden sich über die Maasregeln verstehen, wie dieser Artikel zu vollziehen ist. 10. Den Individuen beider Nationen soll die Aufhebung des Beschlages auf Effecten, Einkünfte und Güter, welche während des Krieges eingezogen oder inne behalten worden, zugestanden seyn, so wie schleunige Gerechtigkeit in Rücksicht aller besonderen Schuldfoderungen, welche diese Individuen in den Staaten der contrahirenden Mächte haben könnten. 11) Bis ein neuer Handlungsvertrag zwischen beiden Theilen errichtet wird, sollen alle Commerzverhältnisse zwischen Frankreich und Spanien auf den Fuß hergestellt werden, auf den sie vor diesem Kriege standen. Jeder Französische Kaufmann soll die Freiheit haben, wieder nach Spanien zu gehen, und seine Handlung wieder anzutreten, auch neue zu errichten, wenn er sich wie jeder andere den Gesetzen und Gewohnheiten des Landes unterwirft. 12) Alle gefangene Soldaten und Matrosen sollen ohne Rücksicht auf Rang und Zahl, so wie alle des Krieges wegen Aufgehaltene sollen längstens 2 Monate nach der Ratification zurückgegeben, und die Privatschulden, welche sie während ihrer Gefangenschaft gemacht haben, bezahlt werden. Kranke und Blessirte gilt dieses nach ihrer Herstellung. Zur Erfüllung dieses Artickels werden Commissarien ernannt. 13) Die Portugiesen, welche mit der Armee oder Flotte Sr. K. Maj. Dienste thaten und gefangen wurden, sind in dieser Auswechslung begriffen: alle von diesen Portugiesen zu Gefangenen gemachten Franzosen desgleichen. 14) Gleicher Friede, Freundschaft und gutes Vernehmen sei zwischen dem Könige von Spanien und der Republik der vereinigten Niederlande, der Alliirten Frankreichs. 15) Zum Beweis der Freundschaft nimmt die französische Republik die Friedensvermittlung Sr. Königl. Maj. für den König von Portugal, Neapel, Sardinien, den Herzog von Parma und andere Italienische Staaten an. 16) Da die Französische Republik weis, wie viel Antheil Se. Kön. Maj. an einer allgemeinen Pacification von Europa nehmen, so williget sie auch ein, Ihre Dienste zu Gunsten anderer kriegführender Mächte, welche sich an Dieselbe wenden wollen, anzunehmen. 17) Dieser Tractat soll erst Kraft haben nach erfolgter Ratification, welche binnen einem Monat längstens erfolgen soll. — Unterzeichnet Basel den 22. Jul. Franz Barthelemi. Dominik d'Yriarte.

Im Innern Frankreichs wüthete immer noch Bürger gegen Bürger. Die Partei der Moderirten und Jacobiner lag das ganze Jahr hindurch sowohl im National Convente zu Paris, als auch in den Provinzen gegen einander zu Felde, bis endlich die gemäßigte Parthei die Oberhand behielt, und die Jakobiner unterdruckt wurden. Diese wendeten alle nur mögliche Mittel an, ihr Ansehen wieder

der herzustellen, und verursachten mehrere Empörungen gegen den Convent in Paris selbst, wovon die vom 1ten April und 20 — 23ten May die wichtigsten sind. Der Convent behielt darinn durch seinen Anhang und die, aus dem, zur Vorsorge, bei Paris errichteten Lager, herbeigerufenen Truppen die Oberhand. Am 1ten April führte Pichegru das Kommando der Convents Truppen. Viel bedenklicher noch war der Aufstand vom 20 — 23ten May, woran vorzüglich die Antonius und Marcelvorstadt Antheil hatten. Der Convents Deputirte Ferrand wurde von den Aufrührern im Saale ermordet, und bald wäre es ganz um den Convent geschehen gewesen; endlich aber siegte dieser vollkommen, und nun war das Ansehen der Jakobiner gänzlich dahin. In dem letztern Aufstande verlohren mehrere hundert Personen das Leben. Da der immer größer werdende Mangel in Frankreich, der Verfall der Assignaten, welche fast nichts mehr galten, und die in allen Zweigen der Verwaltung herrschende Unordnung, die Gemüther immer unruhiger machte, und man die allgemeine Noth sicher durch endliche Entwerfung der neuen Constitution gehoben zu seyn glaubte, welches auch der Endzweck bei Zusammenberufung des National Convents gewesen war, so war der Convent endlich nach so langer Zeit gezwungen, diese Constitution zu entwerfen, und den Urversammlungen zur Annahme me vorzulegen. Unterm 23ten September erklärte er, daß die Mehrheit der Stimmen die Constitution angenommen habe, und diese also nun das Fundamental Gesetz der Französischen Republick sey, und daß sich die Wahlversammlungen am 12ten Oktober versammeln und bis 27ten d. M. mit der Wahl der neuen Legislatur oder Regierungsglieder fertig seyn sollten. Das dabei ebenfalls als Gesetz aufgestellte, durch Mehrheit der Stimmen angenommen seyn sollende Dekret wegen Wiedererwählung 2/3 der alten Glieder des Convents gab in Paris zu den blutigsten Scenen Veranlassung. Die Sektionen der Hauptstadt erklärten sich ganz wider diese Wiedererwählung, bewaffneten sich, und nachdem es verschiedene Tage bereits unruhig gewesen war, kam es am 5ten Oktober zum förmlichen Aufstande, und zu einer Schlacht vor den Mauern des Convents-Saals selbst, zwischen den Bürgern und den aus dem Lager bei Paris herbeigerufenen Conventstruppen, worinn erstere aus Mangel an Kanonen, welche ihnen schon beim Aufstande im May abgenommen worden, den Kürzern zogen. Man rechnet, daß das Blut von mehr als 2000 Menschen an diesem Tage in Paris floß. Nach erhaltenem Siege wurden die Pariser Bürger und Nationalgarden entwaffnet, ja sogar die Eintheilung der 48 Sektionen aufgehoben und statt deren 12 Munizipalitäten errichtet. Man verfuhr streng gegen

gegen alles, was Jakobiner *), Terrorist oder
Bergparthei hieß. Die gemäßigte Parthei sieg-
te und trug dazu bei, daß man nunmehro mehr
Vertrauen in die Regierung setzte, welches die
oben erwehnten Friedensschlüsse sehr beförderte.
— Am 26ten Oktober beschloß der National
Con-

---

*) In London ist eine Geschichte des Blutgerichts un-
ter Roberspierre erschienen, nach welcher es seit
dem 17ten August 1792, bis den 27ten Juli
1794, folgende Personen der Guillotine übergab.
— Die Königinn von Frankreich, die Schwester
Ludwigs XVI. 6 Fürsten, 3 Prinzessinnen, 6
Herzoge, 2 Herzoginnen, 14 Marquis, 2 Mar-
quisinnen, 3 Reichsbaronen, 23 Grafen, 6 Grä-
finnen, 3 Vicegrafen, 323 Edelleute, 12 Ritter
des Ludwigsordens, 203 adeliche und 45 andere
Frauenspersonen, 4 Aebte und so viele Aebtissin-
nen, 23 Nonnen, 2 verfassungsmässige Bischöffe,
17 Priester, 14 Ordensgeistliche und 155 andere
Priester, 68 Mitglieder sowohl von dem Na-
tional-Convent, als von den 2 vorigen National-
versammlungen, 3 Staatsminister, 30 Maire
oder Bürgermeister, 178 Präsidenten, 166 Stadt-
räthe und Municipalbeamten, 22 Richter, 19
Friedensrichter, 24 Schriftsteller, 2 Marschalls
von Fr. 13 Marschälle de Camp, 1 Schiffscomo-
dore, 2 Admirals, 8 Schiffcapitains, 47 Generals, 22 Obersten, 41 Lieuten., 8 Oberstwacht-
meister, 105 Kriegscommissairs, 52 Rittmeister,
17 Adjutanten, 7 Officiers von der Artillerie,
81 Gemeine, 941 andere, in allem 2774 Personen, wovon die älteste ein Municipalbeamter
von Toulose war, welcher 97 Jahre zählte.

Convent seine Laufbahn *), und an dessen Statt trat die *neue Regierung Frankreichs*, welche nunmehro beständig in der Form, wie sie besteht, die Republick regieren soll. Diese Regierung ist in 2 Kammern eingetheilt: eine ist der Rath der Alten und besteht aus 250 Personen; die andere enthält 500 Personen und heißt der Rath der 500. Die ausübende Gewalt hat das Directorium, welche aus 5 Personen besteht, welchem die Minister untergeordnet sind. Bei dem ungeheuren Aufwande, welchen der Krieg kostete, schrieb das Directorium ein gezwungenes Anlehn von 600 Millionen Livres aus, wozu auch die eroberten Länder beitragen mußten. Zu dieser in den gegenwärtigen Umständen fast unerschwinglichen Summe, wurden auch, unter gewissen Einschränkungen, Assignaten (deren Summe auf 40 Milliards,

in

---

*) Es ist wohl der Mühe werth, die Anzahl der Gesetze zu spezifiziren, welche in Frankreich von der Zeit, da die Generalstaaten zusammen gekommen, bis zu Ende des Nationalconvents im September 1795. gegeben worden sind. Unter der erstern, der konstituirenden Versammlung vom Jul. 1789 bis Oktober 1791, 2557 Gesetze. Unter der Gesetzgebenden Versammlung während 11 1/2 Monaten, 1712 Gesetze. Unter dem Nationalconvent vom 1ten Tage der Republick bis ins 4te Jahr in 37 Monaten 11210 Gesetze: zusammen 15479., folglich kommen im Durchschnitt auf einen Tag 11 1/2 Gesetz. Eine außerordentliche Fruchtbarkeit!

in Frankreich zirkulirend, berechnet ward) aber tief herabgesetzt, angenommen, die Assignaten aufgehoben, und ein neues Papiergeld unter dem Namen Mandaten erfunden, welches aber keine andere Sicherheit und Hypoteck, als die Assignaten gewährte und daher gleich bei seiner Geburt schon merklich verlohr. — Der Zustand der Finanzen in Frankreich war zu Ende 1795 höchst betrübt, und man machte selbst in Paris die Anmerkung: daß da die Regierung in den ersten Kriegsjahren den Königlichen Schatz, das Gold und Silber der Kirchen und Emigrirten, Milliarden baar Geld *) und Assignaten verschwendet habe, das gezwungene Anlehen, selbst wenn es ganz beigetrieben werden könnte, unmöglich lange zu den enormen Ausgaben zureichen werde.

In der Niedernormandie, Bretagne, den Provinzen Maine, Preche, und Anjou, und

in

---

*) Nach einer Berechnung zirkulirte in den verschiedenen Epochen in Frankreich baares Geld, wie folgt: Im Jahr 1683., 1500 Mill. gemünztes Geld; — 1693 wegen Aufhebung des Edikts von Nantes, außerordentlichen Aufwands Ludwig XIV. ꝛc. nur 945 Mill.; — 1699 800 Mill.; 1715 gar nur 731 Millionen. Nun fieng es aber wieder zu wachsen an: 1784 mochte die Summe aus 1725, und beim Anfange der Revolution 1788 — 1789 aus 1981 Millionen Livres bestehen, worunter 792 Millionen an Gold und 1189 an Silber.

in der Vendee dauerte zu Anfang 1795 der bürgerliche Krieg wider die Königlichgesinnten und Chouans *) fort. Die Hauptanführer der letztern waren, außer Caumartin, der Graf Chatillon, Vicomte Seepaux, Graf Bourmont, Bodard, und Delannoy; die Hauptchefs der Königlich Gesinnten in der Vendee aber, die als tapfere Männer bekannten Charette, Stoflet, Sapinau, Bonnarcy, Cady Gruihard, Chalon. In den Monaten Merz und April, nachdem mehrere blutige Gefechte vorgefallen waren, wurden zu Angers und Rennes Friedensunterhandlungen gepflogen, welche endlich eine Art von Waffenstillstand oder interemistischen Frieden zur Folge hatten. Mit Charette kam ein dergleichen Traktat in den ersten Tagen des Aprils zu Stande; die Chouans traten diesem am 20ten April und Stoflet am 24ten April bei. Den eigentlichen Inhalt dieser Traktaten hat der Convent nicht bekannt werden lassen, sie sollen aber blos bedingnißweise abgeschlossen worden seyn,

---

*) Die Vendeer setzten zu Ende 1793 zum erstenmahle über die Loire, wurden bei Grandville geschlagen, zerstreuten sich und suchten ihr Heil in der Flucht und in Waldungen an den Grenzen von Bretagne und Maine zwischen Rennes und Laval, wo man die Männchen der Nachteulen male de la Chouette nennt. Hieraus wurde das Wort Chouans gemacht, indem man die sich in den Wäldern zerstreuten Vendeer gleichsam Nachteulen nannte.

seyn, daß nemlich die Königl. Gesinnten und Chouans die Waffen niederlegen und einstweilen bis zu einem gewissen Zeitpunkt, wo der rechtmäßige König den Thron wieder besteigen könne, die Republick anerkennen wollten, wohingegen der Convent alle Schulden der Vendee ꝛc. zu übernehmen, und eine große Summe Entschädigungen zu zahlen, auch Vergessenheit des Vergangenen ꝛc. versprach. Alleine der Friede dauerte nicht lange; im May schon entstanden von beiden Theilen Klagen über die Verletzung der Friedenstraktaten, und da der Convent vollends Coumartin und andere Chefs der Chouans überfallen und in der Folge hinrichten ließ, so war dieses das Signal zur Erneuerung der Feindseeligkeiten. Die Vendeer und Chouans griffen wieder zu den Waffen, erließen unterm 22ten Juli Manifeste und es floß das Bürgerblut von Tausenden. Die Königl. Gesinnten hatten die beßte Hoffnung eines glücklichen Erfolgs, da sie durch England unterstützt wurden, und um diese Zeit die Landung der Emigrirten auf Quiberon erfolgte. Alleine Charette konnte nicht bis dorthin durchdringen, um sich mit den Emigrantenkorps zu vereinigen, und da die Landung selbst (wie bei dem Artikel von Großbrittannien folgt) unglücklich ablief, und der Republikanische General Hoche seine ganze Macht hierauf allein gegen Charette, Stoflet und die Chouans wendete, so kamen diese sehr ins Gedränge. Es fielen viele hitzige und blutige

tige Gefechte vor, in welchen die Conventstruppen zwar meistens viel Volk verloren, aber bei den immer nachkommenden frischen Verstärkungen dennoch die Uibermacht behaupteten. Zu Ende des Jahrs verlohren Stoflet und Charette einige entscheidende Schlachten, und dieses vollführte ihren Untergang. Stoflet fiel durch Verrätherei in einem Meierhof bei Angers den Republikanern in die Hände und wurde am 25ten Februar 1796 erschossen. Charette hatte das nemliche Schicksal: durch erkaufte Verräther bekam ihn General Travot gefangen, worauf er am 29ten Merz 1796 ebenfalls zu Angers erschossen ward. Nach dem unglücklichen Ende dieser in allem Betracht merkwürdigen Anführer, eroberte der Republikanische General Hoche das linke Ufer der Loire ganz; auf dem rechten sollte jedoch Scepeaux und d'Autichamp sich noch halten, welche zugleich Anjou deckten. In der Niedernormandie sagte man, kommandire der aus dem Lioner Aufruhr bekannte Graf von Presy, und die Chouans flankirten in kleinen Corps in Bretagne. Diesem wurde aber von dem Direktorio zu Paris widersprochen, welches den Bürger Krieg vor ganz beendigt ausgiebt *).

Groß-

---

*) Ein franz. General Namens Danican hat eine Geschichte des Vendeerkriegs herausgegeben, aus welcher erhellet, daß solcher wenigstens 200,000 Mann

Großbritannien, welches seine Seemacht zu einer beispiellosen Größe erhöhte *), hat unter allen koalisirten Mächten allein das Glück gehabt, in diesem Feldzuge sowol, als in den vorhergehenden die Franzosen zur See zu überwiegen, und ihnen die Vortheile, welche sie auf dem festen Lande erhielten, zur See und in andern Welttheilen doppelt aus den Händen zu winden **). Die Liste der Englischen Seemacht

Mann republikanische Truppen gekostet, und mehr als 20 Kavallerie Regimenter ganz aufgerieben habe. Die in der Vendée umgekommenen Edelleute, Bürger und Bauern rechnet er auf 400,000, so, daß der ganze Krieg 600,000 Menschen gekostet hätte.

*) Dieses in seinen Resourcen unerschöpfliche Reich, machte in diesem Kriege ausserordentliche Anstrengungen. Man rechnet, daß ihm der Krieg bis Monat Merz 1795 schon 70 Millionen Pf. Sterling gekostet hat. — Nach einer Berechnung des Dr. Price betrug die Großbritannische Staatsschuld 1775 — 130 Mill. Pf. Sterling und die jährlichen Interessen 4 Millionen. Im Jahr 1796 aber 360 Mill. und 13 Millionen Interessen.

**) Die Engländer haben während des gegenwärtigen Kriegs 4 Linienschiffe, 2 Fregatten, 6 kleinere Schiffe verloren, 3 Fregatten und 7 kleinere Schiffe sind verunglückt, folglich ist der ganze Verlust 22 Schiffe. Die Franzosen hingegen

macht im Juni 1795 (und seitdem ist sie bis zu 598 vergrößert worden) betrug 157 Linienschiffe und mit den kleinern Kriegsschiffen und Fregatten zusammen 552, ohne die gemietheten bewaffneten Schiffe, Bombardier, Kanonier und Feuerschiffe zu rechnen.

Den ersten Sieg im 1795 Jahr erfocht die Flotte im Mittelländischen Meere unter Admiral Hotham über die feindliche Toulonner Flotte am 14ten Merz. Die Franzosen suchten das Gefecht zu vermeiden, Admiral Hotham zwang aber doch ihre Avantgarde sich einzulassen, eroberte 2 Linienschiffe, den Censeur und ça ira (auf denen mehr als 2300 Mann waren) und jagte die feindliche Flotte nach Toulon zurück; wodurch das Project Landungstruppen nach Corsika zu bringen, vereitelt wurde. Admiral Hotham erhielt unter Admiral Mann eine Verstärkung von 12 Linienschiffen und Fregatten. Admiral Cornwallis mußte sich mit 5 Linienschiffen und einigen Fregatten auf der Höhe von Quessant stationiren, und noch mußte Admiral Waldegrave mit 5 Linienschiffen den Admiral Hotham im Mittelländischen Meere verstärken. — Die große Kanalflotte, deren neuer Commandant en Chef Lord Bridport war, gieng zu

An-

---

gegen haben 114 Schiffe verloren, nemlich 35 Linienschiffe, 53 Fregatten, 28 kleinere Schiffe. Ein auffallendes Uibergewicht der Englischen Seemacht.

Anfang Juni von Portsmuth unter Seegel, und schon am 23ten Juni griff der tapfere Engländer die französische Flotte unter Admiral Villaret ohnweit des Hafens von Orient an. Sie war 12 Linienschiffe, 11 Fregatten und einige kleinere Kreußer stark, suchte aber doch das Gefecht zu vermeiden, und näherte sich daher immer mehr dem Lande, um unter den Batterien des Hafens Schuß zu haben. Aber die Engländer machten Jagd auf sie, erreichten die feindlichen Schiffe, und nach einem 3 stündigen Gefechte, mußten die französischen Schiffe, der Alexander, der Tiger und Formitable die Seegel streichen. Diese Schlacht war nöthig, wenn die Landung der Emigranten in Frankreich (wovon gleich geredet werden wird) ausgeführt werden sollte. — Auch Admiral Cornwallis war glücklich, indem er am 11ten Juni von einer Convoy 8 und noch 3 andere Schiffe nahm. Um die nemliche Zeit eroberte Capitain Cochrone die französischen Schiffe la Prevoyante und la Raison von 24 und 18 Kanonen.

Nach gewonnener Schlacht bei Orient, seegelte Admiral Bridport auf Belle=Isle und foderte den franz. Commandanten Beaupré auf, sich zu ergeben. Und während dem fuhr Admiral Warren, welcher die Englische Eskadre und Canonier Schaluppen zu der vorhabenden Landung der Emigranten kommandirte, nach der Bay von Quiberon. — Schon zu Ende des vorigen Feldzugs nemlich, wurde angezeigt,

daß

daß man Englischer Seits in Jersey und Guernsey Vorbereitungen zu einer Landung der Emigrirten auf die französischen Küsten gemacht habe. Diese erreichten nun ihre Vollkommenheit, es wurden mehrere Emigranten Regimenter geworben, das Kommando über die etwa 10000 Mann betragende Armee dem Herrn von Pusaye anvertraut, und unter Admiral Warren eine Flotte mit Geld, Vorrath, Montirungsstücken, Munition ꝛc. zugegeben, welche die Landung decken, dann unter die Chouans und Roialisten der Bretagne und Normandie Uniformen und Gewehre austheilen, und sich dann, durch eine Bewegung der Unzufriednen unter Charette ꝛc. zusammen vereinigen sollten. Die Landung gieng auf Quiberons Bay, wie schon angeführt worden, am 26ten Juni glücklich von statten. Man setzte Truppen ans Land, ein Corps von 200 Republikanern, welches sich dort befand, wurde zerstreut, hierauf das wichtige Fort Penthevre eingenommen, unter die häufig herbeigekommenen Chouans Uniformen und Gewehre ausgetheilt, und die Landung also glücklich vollbracht. Man hoffte den beßten Erfolg, aber theils der Umstand, daß es dem Charette nicht gelang durchzubrechen, theils Verrätherei machten, daß die Expedition höchst unglücklich ablief. Der Republikanische General Hoche raste, sobald er Nachricht von der Landung erhielt, alles, was er von Truppen erhalten konnte, zusammen, und rückte gegen

gen die Halbinsel Quiberon an, um den Emigranten keine Zeit zu lassen. Es erfolgten nun in der Mitte Juli schon hitzige Gefechte, wodurch aber Hoche nicht zurückgetrieben werden konnte. Vielmehr durch Verräther der Emigranten Armee (welche als Englische Kriegsgefangene beredet worden waren, unter den Emigrirten Dienste zu nehmen) geführt, griff Hoche am 23ten Juli in 3 Kolonnen die ganze Stellung der Ausgewanderten an; das Fort Penthievre, welches den Zugang nach Quiberon bertheidigt, wurde von Verräthern, nachdem sie ihre Offiziers ermordet hatten, den Republikanern überliefert, und die Emigrirten von allen Seiten angefallen, umringt, und verlassen, wurden theils gefangen *), und der Uiberrest nur hatte das Glück sich wieder auf die Schiffe zu retten. Eine Menge Vorrath, Uniformen, Kanonen ꝛc. fiel den Franzosen in die Hände. Warren mit seiner Eskadre und den geretteten Emigrirten gieng nach den Inseln Houat und Hedic. — Unterdessen waren mehrere in Deutschland geworbene Emigranten Corps, und die noch übrigen Ausgewanderten zu einer neuen Unternehmung in England gesammelt worden. Der

Prinz

---

*) Unter den Gefangenen, welche hernach erschossen wurden, befand sich der Herr von Sombreuil, der sehr bedauert ward. Unter den Todten Renault, Brige und Damas. Unter den Verwundeten d'Hervilly.

Prinz Graf Artois begleitete diese Unternehmung selbst, Admiral Harvey mit 5 Linienschiffen und einigen Fregatten beschützte die Unternehmung und der Englische General Doyle hatte das General-Commando der Truppen. Die Flotte wurde lange durch widrige Winde aufgehalten, und nachdem sie sich endlich der französischen Küste genähert hatte, machte man Ende Septemb. einen Versuch, die Insel Noirmoutier wegzunehmen, welche zu einem Waffenplatz der Emigranten dienen sollte; — aber das Unternehmen mislang. Hierauf wendeten sich die Britten gegen die Insel Isle de Dieu, welche nach einiger Gegenwehr zwar im Namen Ludwigs 18 erobert und 100 Gefangene darauf gemacht wurden, aber die Eroberung selbst war von geringem Belang, da es ein armes Ländchen ist, 4 Stunden vom festen Lande gelegen. Admiral Warren verließ die Inseln Houat und Hedic zerstörte die dortigen Forts und gieng ebenfalls auf Isle de Dieu. Durch Schiffe wurde die Communikation mit den Königlich Gesinnten in etwas unterhalten. Charette konnte indessen nirgends bis an die Küsten vorbringen, und die üble Witterung zwang die Englische Eskadre und Emigranten Truppen zusammt dem Grafen Artois *) nach Großbritannien zu-

---

*) Graf Artois hatte Proklamationen und Manifeste an die Einwohner Frankreichs im Namen Sei-

zurück zu kehren, wo ihm des Königs Majestät Edinburg zu seiner Residenz anwies. — Kurz vorher hatte eine Englische Kauffartheiflotte unter Bedeckung des Admirals Linzee das Unglück auf eine franz. Eskadre bei Cap St. Vincent im Mittelländischen Meere zu stoßen, wobei 11. Kauffahrer und 1 Kriegsschiff in feindliche Hände fielen.

In Westindien war das Glück der Waffen abwechselnd. Auf der Insel Jamaika litten die Einwohner sehr vom gelben Fieber, und durch Aufhetzung der Franzosen hatten die Maracu Negers rebellirt, welche doch endlich zu Paaren getrieben wurden. Die Inseln St. Lucie, Marie Gallante, Desiderade, Guadelauppe ꝛc. giengen auf einige Zeit wieder verloren, hingegen mißlangen den Franzosen auch die Angriffe auf St. Vincent

nes Bruders des Grafen von Provence mit sich genommen, welcher nach Absterben des unglücklichen Kinds oder Ludwig XVII. im Tempelthurm zu Paris den 8ten Juni 1795 im 10ten Lebensjahre, — den Titel eines Königs von Frankreich oder Ludwigs XVIII. angenommen hatte. — Nach dem Tode des armen Kindes war nun also nur der einzige Sprosse von Ludwig 16. mehr am Leben, nemlich die Prinzessin Marie Therese. Jedes Herz von Gefühl wurde daher mit Freude erfüllt, als die arme erhabenste Dulderinn, am 28ten Dezember 1795 gegen die in Oestreich. Gefangenschaft befindlich gewesenen Deputirten Drouet, Camus, Quinet, Lamarque und Bartel an den Kaiser ausgeliefert ward.

cent Martinique und St. Kitts und nach der Kriegserklärung gegen Holland bemächtigten sich die Engländer der Holländischen Insel St. Eustache; — hingegen schlug die Absicht auf St. Martin fehl, da die Franzosen schon zuvor gekommen waren. Auf St. Domingo verloren die Engländer das im vorigen Jahre eingenommene Fort Tiburon wieder. Da die Franzosen viele Verstärkung nach Westindien geschickt hatten, so mußte man von Englischer Seite das nemliche thun, zu welchem Ende eine Flotte mit mehr als 10000 Mann Landtruppen unter Admiral Christian abgesendet wurde. Diese hatte jedoch das Unglück durch Sturm zerstreut zu werden, viele Schiffe fielen in Feindes Hände, und viele verunglückten, oder kehrten zurück. Indessen kam doch ein großer Theil einzeln in den Englischen Inseln an, durch welche Verstärkung die Engländer in Stand gesetzt wurden, dem Feinde das Gleichgewicht zu halten, bis die abermals abgesendete 2te Verstärkung nachkommen kann.

Auf den Afrikanischen Küsten litten die Englischen Kolonnien durch eine von Frankreich aus unternommene Expedition viel Schaden.

Nach den unglücklichen Ereignissen zu Anfang des Feldzugs in Holland, war des Königs von Großbritannien Maj. genöthigt gewesen, Holland den Krieg zu erklären. Es wurde gleich eine Flotte unter Admiral Elphinstone und Truppen unter General Craig nach dem wichtigen

Cap

Cap oder Vorgebirge der guten Hoffnung, dem Schlüssel von Ostindien, der importantesten Besitzung der Holländer, geschickt, und der Gouverneur aufgefordert, sich unter Großbritannischen Schutz einstweilen zu begeben. Da dieses aber abgeschlagen wurde, landeten die Engländer am 14ten Juli bei Simons Town. Nach einigen minder wichtigen Gefechten, griffen die Engländer am 7ten August den befestigten Muysenberg an, und eroberten ihn, so wie eine noch steilere Anhöhe, wohin sich der Feind gezogen hatte. Nun aber erhielt letzterer Verstärkung aus der Capstadt, und die Engländer kamen in eine üble Lage, da es an Munition zu mangeln anfieng und sie zu schwach waren, etwas entscheidendes zu unternehmen, auch der Angriff am 27ten August bereits mislungen war. General Craig beschloß nun den letzten verzweifelten Angriff zu thun. Die Holländer kamen jedoch am 3ten September zuvor, indem sie das Englische Lager angriffen. In diesem Augenblicke wurde eine Flotte von 14 großen Kriegsschiffen signalisirt, welches den Holländern eine solche Furcht einjagte, daß sie von dem Unternehmen abstanden und zurückwichen. Es war General Clarke, welcher mit 1900 Mann Hülfstruppen ankam. Nachdem diese Truppen ans Land gesetzt waren, zogen sich die Holländer immer mehr zurück, und auf die Annäherung der Engländer, bath endlich der Holländische Gouverneur Sluysken um einen Waf-

J   fen-

fenstillstand, welcher bewilligt wurde, und wo­
nächst die Kapitulation dahin zu Stande kam,
daß das Cap mit sammt dem Eigenthum der
Ostindischen Compagnie ꝛc. dem Könige von
Großbritannien übergeben, und die 1600 Mann
starke Garnison Kriegsgefangen wurde. So
wurde im Namen des Königs von Großbritan­
nien am 16ten November 1795 vom *Vorge­
birge der guten Hoffnung* Besitz genom­
men. — Vorher schon war von Madras aus,
durch eine Expedition des Obersten Stuart am
17ten August Trinkomale und am 30ten August
Oestenburgh nach geringem Widerstand den Hol­
ländern abgenommen, einige 100 Mann gefan­
gen und mehr als 100 Kanonen ꝛc. erbeutet
worden. Auch fielen während dieses Jahrs den
Engländern die *Moluccischen Inseln*, Co­
chin *) die Hauptstadt auf der Insel Ceylon,
Malacca eine höchst fruchtbare Halbinsel;
Amboina eine Gewürzinsel, Jaffanapat­
nam ein sehr wichtiger Platz auf Ceylon, Mu­
nar und Tapia in die Hände, (wo etliche 100
Kanonen gefunden wurden) ja man behauptet
auch *Batavia* sey durch Admiral Rainier und

Oberst

---

*) General Aberkombrie Oberster Befehlshaber in
 Bengalen, nahm nach der Eroberung von Co­
 chin auch das Fort Quilon, und die Factorien
 Porca und Quilon-Quilon ein, folglich waren
 alle Holländische Etablissements auf dem festen
 Lande in Indien in Englischen Händen.

Oberst Stuart ohne viel Blutvergießen eingenommen worden. Mithin wäre alles, was die Holländer in Ostindien besessen haben, erobert. Ein Gewinn für Großbritannien, der kaum zu berechnen ist, und welcher die durch Frankreich auf dem festen Lande gemachten Eroberungen weit aufwiegt.

Die Standhaftigkeit des Kaisers, welcher im Spatjahr 1795 Deutschland rettete, und die Eroberungen Englands in Ostindien, machen, daß der 1795te Feldzug im allgemeinen betrachtet, nicht unglücklich genannt werden kann, vielmehr haben die in der Coalition verbliebenen Mächte manchen Vortheil für sich. Was aber dieser leidige Krieg von 1792 — 1795 für einen erstaunlichen Aufwand an Menschen und Geld verursacht habe, ist aus nachfolgender aus einem öffentlichen Blatte gezogenen Berechnung zu ersehen. Diesem Anschlag nach hat das Erzhaus Oestreich 2 hundert Millionen Gulden und 150 tausend Mann verloren: das Reich und Preussen 100 Millionen und 50000 Menschen: Grosbritannien 600 Millionen Gulden und 98000 Mann: Holland 160 Millionen und 29000 Menschen: Spanien 480 Millionen und 114000 Mann: Portugal 40 Millionen und 5000 Menschen: Neapel eben so viel: der Kirchenstaat 10 Millionen: Sardinien 38 Millionen und 50000 Menschen: Rußland 5 Millionen Gulden. — Summa 1673 Milli-

lionen an Geld und 501000 Menschen. Da-
gegen hat nach dieser Berechnung Frankreich
aufgewendet 2 Milliards 802 Millionen 5 hundert tausend Gulden — und eine Million Menschen. —

Anzeige des Inhalts.

Seite 1 — 16. Kriegsvorfälle in Holland, Friedens und Freundschaftstraktat.

— 16 — 17. Vorfälle in Norddeutschland.

— 18 — 29. Friedensschlüße des Großherzogs von Toskana, Königs in Preusen, Landgrafen von Hessen-Cassel ꝛc. mit Frankreich, von der Demarkationslinie, den Friedensverhandlungen des deutschen Reichs ꝛc.

— 29 — 88. Kriegsnachrichten von den Rheinarmeen bis zum Waffenstillstand.

— 89 — 105. Vom Kriege in Italien.

— 105 — 112. Vom Spanischen Kriege und Friedensschlusse.

— 112 — 120. Innerlicher Krieg und Zwist in Frankreich.

— 121 — 132. Großbritanniens Siege zur See, Eroberungen in Ostindien, Vorfälle in Westindien, von den mislungenen Landungen der Emigrirten in Frankreich ꝛc.